浙江文化艺术发展基金资助项目

PROJECTS SUPPORTED BY ZHEJIANG CULTURE AND ARTS DEVELOPMENT FUND

浙江文化
基因丛书

吴越◎主编

海定波平

定海文化基因

胡宏波◎编著

杭州出版社

图书在版编目（CIP）数据

海定波平：定海文化基因 / 胡宏波编著. -- 杭州：杭州出版社，2025.1. --（浙江文化基因丛书 / 吴越主编）. -- ISBN 978-7-5565-2557-7

Ⅰ. G127.554

中国国家版本馆 CIP 数据核字第 2024HG5070 号

HAI DING BO PING——DINGHAI WENHUA JIYIN
海定波平——定海文化基因

胡宏波　编著

策　　划	屈　皓
责任编辑	王　凯
文字编辑	陈铭杰
装帧设计	卢晓明　魏君妮　屈　皓
美术编辑	王立超
责任印务	王立超
出版发行	杭州出版社（杭州市西湖文化广场 32 号 6 楼） 电话：0571-87997719　邮政编码：310014 网址：www.hzcbs.com
排　　版	杭州立飞图文制作有限公司
印　　刷	天津画中画印刷有限公司
经　　销	新华书店
开　　本	710mm×1000mm　1/16
印　　张	14
拉　　页	1
字　　数	220 千字
版 印 次	2025 年 1 月第 1 版　2025 年 1 月第 1 次印刷
书　　号	ISBN 978-7-5565-2557-7
定　　价	68.00 元

"浙江文化基因丛书"编委会

吴 越　叶志良　贾晓东　陈 明　孙 琳

沈 军　葛建民　缪存烈　乐 波　赵柯艳

王 俊　陆 莹　林华弟　章鹏华　盛雄生

陈贤敏　胡宏波　周 洁　胡凌凌　王军伟

柳虹羽　屈 皓　庄文新

（排名不分先后）

"浙江文化基因丛书"序

习近平总书记指出："支撑5000多年中华文明延绵至今的，是植根于中华民族血脉深处的文化基因。"[①]浙江是中华文明的重要发源地之一，文化底蕴深厚，文化名人辈出。一叶红船从嘉兴南湖驶出，在时代浪潮中驭势而行；沿"唐诗之路"踏歌而行，千古诗篇回响在山水之间；还有良渚文化、宋韵文化、上山文化、黄帝文化、南孔文化、和合文化、阳明文化、丝瓷茶文化、古越文化、吴越文化……这些文化基因，共同铸就了浙江的"根"和"魂"。

2024年3月6日，浙江省文化广电和旅游厅印发《浙江省文化基因激活工程实施方案（2024—2026年）》，这是继2020年浙江省文化和旅游厅印发的《浙江省"文化基因解码工程"实施方案（试行）》《浙江省"文化基因解码工程"工作导则》和2021年8月浙江省文化和旅游厅印发的《建设文化标识推进文旅融合行动计划（2021—2025年）（试行）》之后，为更好担负起新时代新的文化使命，深入贯彻省委十五届四次全会部署，在全省实施的又一项文化基因重大工程。

---

① 习近平：《携手建设更加美好的世界》（2017年12月1日），人民出版社，2017年，第3页。

文化基因解码工程,是文化基因激活工程的坚实基础。文化基因,顾名思义,是指从文化形态切入,厘清其历史渊源、发展脉络、基本走向,从物质、精神、制度要素,语言和象征符号等进行分析、解码所提取的关键知识内核。文化基因解码,围绕中华优秀传统文化、革命文化和社会主义先进文化,按照3个主类、20多个亚类、约100个基本类型分别归档,确保历史年代、地理位置、流布范围等数据均记录在册,挖掘、研究、阐释优质"文化基因",对全省文化资源进行全面梳理。这是一项集"查、解、评、用"于一体的综合性系统工程。全省开展90个县市区的文化基因解码任务,包括文化元素调查、文化基因解码评价、《文化基因解码报告》撰写、证据资料汇总保存建档等,并在此基础上建成"浙江文化基因库"。文化基因解码,起于"查",终于"用"。"查"就是铺开"一张网",广泛收集区域内的文化资源,作为"解"的对象。"解"重在找准四大要素,提取一组基因。四大要素是指物质要素(如原料、工具、环境等)、精神要素(如思想观念、群体性格等)、制度要素(如乡规民约、族规家规、礼节礼仪、表演技艺、创作技法等)、语言和象征符号(如方言、图形、标志、表情、动作、声音等)。通过对四大要素的分解梳理,遴选重点文化元素作为解码对象,从中提取出关键性的知识(技术)点。然后通过对选择的文化基因解码,从生命力、凝聚力、影响力、发展力四个维度进行质量评价。最终用基因塑造IP,以文旅IP开发作品、设计产品,以作品、产品点亮城市生活、赋能乡村振兴。浙江以文化基因为根、文旅融合IP为脉,打造了一条以城带乡、城乡互促的发展闭环,推动文化资源的"活化"利用,把解码成果与提高人民群众生活品质相结合,这就是"用"。以人文之美推动精神之富足,增强浙江高质量发展建设共同富裕示范区的文化自觉。

显然,文化基因是传承和创新的基石。文化基因作为一个社会文化系统的逻辑起点,是一个社会存在和进化、变革和发展的决定力量。文化基因解码就是要把社会文化系统中所表现出来的文化形态、思维方式、行动模式、礼仪符号、风俗习惯等加以还原,揭示其本初原因和底层逻辑。改革开放四十余年来,浙江出现了令人瞩目的"浙江现象",表现为快速的经济增长、蓬勃的发展活力、和谐的社会环境、显著的民生绩效。"浙江现象"源于浙江精神和浙江的文化基因。正确界定、充分挖掘浙江文化的内涵价值,解码浙江的文化基因,对于构建起有效支撑文化建设和旅游发展的"四梁八柱",推动文化建设和旅游发展各项指标持续名列全国前茅,着力建设新时代文化高地、中国最佳旅游目的地、全国文化和旅游融合发展样板地具有重要而深远的意义。

如何寻找突破口?各地在选"码"、解"码"、用"码"的整个闭环中,成立解码专项小组,构建"乡土专家+高校资源+系统人才"三方协作机制,高效推进解码工程。首批编辑出版的"浙江文化基因丛书"中汇集的富阳、南浔、南湖、绍兴、瑞安、平阳、苍南、普陀、岱山、嵊泗、定海、临海、南孔圣地、开化、常山、金华(经开区)、遂昌、云和、景宁、宁波江北等地的研究成果,正是在归纳总结、科学分析浙江文化基因的基础上,探索文化基因解码的方法和路径,同时从人类学、社会学的角度,运用现象学原理,在哲学层面进行解构、剖析,既有理论深度,又能方便应用。丛书勾勒出各地推进文化基因解码工程的概貌。成果本身的内容、方法、转化等，对各地都有很强的示范作用和借鉴意义。

可以说，"浙江文化基因丛书"中的成果，以浙江文化高质量发展为目标，以融合发展为重点，紧扣激活优秀文化基因，以文化基因的挖掘利用赋能文化事业和文旅产业发展，为我省文旅发展再上新台阶、为文化浙江建设贡献了力量。

叶志良
2024年秋于杭州

目 录

激活文化基因，打造海岛文化地标　　001
鸦片战争遗址公园　　003
远洋渔业小镇　　015
南洞艺谷　　027
海岛第一村　　043
定海古城　　063
定马古道　　075
定海古街　　085
祖印寺　　097
两黄文化　　107
柳永煮海　　117
定海商帮　　129
定海名人故居　　139
舟山锣鼓　　149
舟山海洋雕塑　　161
定海布袋木偶戏　　169
翁洲走书　　183
舟山螺钿镶嵌制作工艺　　195

"浙江文化基因丛书"后记　　205

定海区文化元素基本情况汇总

根据《浙江省"文化基因解码工程"工作导则（试行）》的要求，结合定海区经济、社会、文化发展现状和文化元素存续的实际情况，在深入、充分调研的基础上，完成了定海区文化元素的搜集整理工作。从调查结果来看，定海区当前文化元素涉及3个主类，24个亚类，72个基本类型，192个文化元素。其中中华优秀传统文化主类涉及15个亚类，57个基本类型，163个文化元素，分别占比63%、79%和85%；革命文化主类涉及6个亚类，6个基本类型和8个文化元素，分别占比25%、8%和4%；社会主义先进文化主类涉及3个亚类，8个基本类型和21个文化元素，分别占比13%、11%和11%。定海区文化元素涵盖了中华优秀传统文化、革命文化和社会主义先进文化等多个类型，不仅涉及面广，而且数量多。悠久的历史为定海区积淀了深厚的中华优秀传统文化底蕴，百年革命文化和社会主义先进文化为定海区的发展注入了强劲动力，由此而形成的众多文化元素为定海区文化基因解码工作提供了可靠依据，也为定海乃至舟山经济、社会、文化的繁荣发展奠定了坚实根基。

激活文化基因，打造海岛文化地标

定海是全省首批历史文化名城，区域总面积1444平方千米，其中陆地面积568.8平方千米，拥有大小岛屿128个。近年来，定海区以文化基因激活和文化标识建设为抓手，集成配置文旅资源，打造海岛群众精神文化共富地标，推进全体文化繁荣、全民精神富有。

定海寻根传承，全面激活文化基因，顶层设计绘制文化发展蓝图。理顺海防文化的历史脉络，以"鸦片战争主战场，近代史端定海城"为主线，重点打造了全长约25千米的全国首条飘带绿道——东海云廊，和主线全长100.5千米的特色文化生态旅游共富线——东海百里文廊，借力东海云廊、东海百里文廊两大工程，结合文化基因的激活利用，加快修复和优化文化生态。以舟山鸦片战争遗址公园及"不能不走的英雄路"为核心内容，串联区域内海防遗址遗迹，打造一批海防文化场馆及纪念设施。

本书全面呈现定海海商文化、农耕文化、鱼俗文化、海防文化等海岛特色文化，助力海防文化活态传承，增强民族文化自信，为建设共同富裕示范区港城标杆赋能加力。

道阻且长，行则将至。面向未来，以习近平文化思想引领，激活文化基因，打造海岛文化地标，加大对海防文化的系统构建、品牌培育、融合发展，在实现共同富裕的道路上，展示古城魅力，提升人民群众的文化获得感。

孙艳青

二〇二四年三月

鸦片战争遗址公园

海定波平　定海文化基因

鸦片战争遗址公园

公元1840年（清道光二十年），英国侵华鸦片战争爆发。同年7月5日，英军炮轰定海城，次日城陷。定海镇总兵张朝发负重伤，知县姚怀祥等官兵殉难。1841年9月，英军再次进犯舟山，定海镇总兵葛云飞、寿春镇总兵王锡朋、处州镇总兵郑国鸿率5800名将士在定海城西的晓峰岭和竹山等地与敌血战六昼夜，相继壮烈殉国。定海第一次保卫战，是英国侵略者第一次以武力侵占中国领土之战，也使中国封建统治阶级在中国近代史上第一次丧师失地，蒙受耻辱。可以说，英国政府发动的对中国侵略的鸦片战争，迫使中国走上屈辱的半殖民地半封建社会的道路，是从定海被占开始的。定海第二次保卫战，则是整个鸦片战争中历时最长、最激烈悲壮的一战。两次定海保卫战在中国近代抗击外来侵略史上具有重要的地位。

为褒扬先烈，昭示后人，弘扬爱国主义精神，1995年，舟山市人民政府决定兴建以舟山鸦片战争纪念馆为核心景区的主题纪念公园——舟山鸦片战争遗址公园。公园位于浙江省舟山市定海城西晓峰岭上，是一座以鸦片战争古战场遗址为载体，弘扬爱国主义教育的主题纪念公园。公园于1992年开始规划，1997年6月建成并对外开放，占地面积10余公顷。园内建有舟山鸦片战争纪念馆、三总兵纪念广场、百将题碑、傲骨亭、抗英阵亡将士古墓群及迁建的三忠祠等。

遗址公园开放20多年来，充分发挥爱国主义教育、国防教育基地作用，共接待游客百余万人次，60余位中央及省部级领导人莅临参观指导，同时还接待了来自美、英、俄、荷、日、韩的境外团体上百个，观众几千人次。20多年来，公园以其深厚的历史内涵、良好的设施环境、优良的接待服务赢得了社会广泛好评，先后获得浙江省建设系统先进集体、浙江省建设系统文明示范点、浙江省青少年红色之旅经典景区、浙江省爱国主义教育基地、浙江省国防教育基地等荣誉。2001年6月，纪念馆被中宣部公布为第二批全国百家爱国主义教育基地。

一、要素分解

（一）物质要素

1. 核心区位，东海前哨

祖国的东大门，濒临东海，海防重要基地。舟山群岛是祖国的东大门，它有1399个岛屿，是我国最大的群岛，其中舟山岛是我国第四大岛。定海地处舟山群岛中西部，具有重要的海洋战略地位。舟山群岛位于我国海岸线中部，处于长江入海咽喉，是浙江、上海的门户，战略地位十分重要。外敌入侵华东地区，都是先进舟山群岛，然后在华东沿海登陆。鸦片战争期间，英军3次入侵舟山群岛的定海。1937年，日军也先占舟山群岛，然后登陆杭州湾。因此，舟山群岛历来是我国海上防御重要基地，也是我国海洋战略的重要基地，具有极其重要的战略价值。

2. 鸦片战争复杂艰苦的斗争环境

1840年7月5日,英军炮轰定海城,次日城陷。定海镇总兵张朝发负重伤,知县姚怀祥等官兵殉难。1841年9月,英军再犯舟山,定海镇总兵葛云飞、寿春镇总兵王锡朋、处州镇总兵郑国鸿率5800名将士在定海城西晓峰岭和竹山等地与敌血战六昼夜,相继壮烈殉国,这是鸦片战争中历时最长、最激烈悲壮的一战。

3. "舟山鸦片战争古战场遗址公园"

遗址占地110余公顷,建有舟山鸦片战争纪念馆、"三总兵"纪念广场、百将题词碑林和抗英阵亡将士古墓群等几个主要区域。1996年4月,舟山鸦片战争古战场遗址被省委、省政府命名为爱国主义教育基地;1997年7月,被省国防教育委员会命名为省级国防教育基地;2001年6月,被中宣部命名为"全国爱国主义教育示范基地";2009年11月,被国家国防教育办公室公布为"国家国防教育示范基地"。

(二)精神要素

1. 忠荩可风的品格

三忠祠正大殿明间陈列三总兵玻璃钢塑像,上挂皇帝钦赐"忠荩可风"匾额一块(1997年仿制)。两侧楹联为葛云飞在担任瑞安协副将时撰写的一副对联,上联是"持躬以正,待人以诚",下联是"任事惟忠,决机惟勇"。意思是做人要正直,待人要诚恳,做事要忠心,决断军务要果敢。

2. 威武不能屈的民族精神

定海保卫战是鸦片战争中敌我双方参战人数最多、规模最大、交火时间最长,伤亡最惨重的一场战役。面对英殖民主义者的疯狂侵略,葛云飞、王锡朋、郑国鸿三总兵率领5000余将士,与敌军激战六昼夜,那不屈的民族精神成为历史光辉的篇章。

3. 誓死保卫国门的爱国品格

1840年7月5日,英国军队进攻定海,第一次定海保卫战爆发。定海水师总兵张朝发、知县姚怀祥,拒不投降,率水师及陆上守军奋力抵抗。

7月6日凌晨，全城沦陷。水师总兵张朝发、知县姚怀祥、典史全福、军营书记李昌达夫妇等人相继壮烈殉国。1841年9月，英军再次进犯舟山。葛云飞、王锡朋、郑国鸿三总兵率领5800名将士在定海城西的晓峰岭和竹山等地与敌浴血奋战六昼夜，打退英军10多次冲锋，最后弹尽粮绝，将士全部阵亡。定海第二次保卫战是整个鸦片战争中历时最长、最激烈、最悲壮的战役，充分显示了中华民族不畏强暴、视死如归的崇高民族气节和伟大的爱国主义精神。

（三）语言与象征符号

1. 鸦片战争纪念馆

舟山鸦片战争纪念馆是公园的主体建筑，占地672平方米。1997年，中共中央政治局原常委、全国人大常委会原委员长乔石亲笔为纪念馆题写馆名。馆内主要按照时间顺序划分三个展区：一、介绍第一次中英鸦片战争背景及其过程；二、重点讲述1840年7月爆发的定海第一次抗英保卫战的全过程；三、主要展示1841年9月，由葛云飞、王锡朋、郑国鸿三总兵率领5800名清军将士发起的定海第二次抗英保卫战的详细经过。馆内陈列大量的图片资料、雕塑模型、沙盘及历史文物，并配有高科技的大屏幕投影电视及声控解说图，给参观者以身临其境的感受。

2. 三总兵纪念广场

位于竹山顶，占地600多平方米，中央是由三把21米高的不锈钢宝剑组成的纪念碑。用红花岗岩雕塑的6米多高的三总兵像站立碑前，倚剑临风，神情刚毅，目视定海城，象征着誓死保卫国门的浩然正气。纪念碑底座的北面是一组表现定海军民顽强抗击英

国侵略者的青铜浮雕。

3. 三忠祠

三忠祠是1846年根据道光皇帝谕旨，为祭奠壮烈殉国的定海镇总兵葛云飞、寿春镇总兵王锡朋、处州镇总兵郑国鸿而设的祠堂。1854年建造，1884年重建，1989年被列为浙江省文物保护单位。现在的三忠祠是1997年3月从定海人民南路和昌弄17号原址完整迁建于此的。祠堂占地1360平方米，陈列有定海三总兵塑像及文物、图片、书画作品等。

4. 抗英阵亡将士古墓群

位于竹山东南面，墓中安葬的是第二次定海保卫战中壮烈牺牲的数千清军将士。墓茔虽经160多年风雨的侵蚀，但碑文"奉旨阵亡将士墓"依然十分清晰。

5. 百将题碑

将收集共和国百位将军为公园的题词，目前已收集并镌刻了刘华清、张震、迟浩田等60多位将军的题词。

二、文化元素核心基因提取与评价

鸦片战争遗址公园地处祖国的东大门，濒临东海，是我国海防的重要基地。

鸦片战争遗址公园文化基因评价依据

评价项目	评价因子	评价依据（特点）	是否
生命力评价	文化基因存续的时间	自出现起延续至今，未曾明显中断	√
		自出现起延续至今，但多次衰微、中断后复兴	
		曾明显衰败，改革开放后开始复兴或历史溯源关键环节缺失，难以考证	
		文化形态主体已灭失，现存部分痕迹	
	文化基因的稳定性	在发展过程中保持相当稳定的状态	√
		在发展过程中存在明显的精神内涵、表现形式剧变	
凝聚力评价	文化基因的凝聚力及社会动员效果	曾广泛凝聚起区域群体的力量，显著推动过社会经济文化的发展	√
		曾部分凝聚起区域群体力量，对社会经济文化的发展产生过影响	
		凝聚过力量，创造过实际的发展动能，但未见对社会经济文化发展产生显著改变	
		仅在历史文献或口耳相传中存在，未见实际介入社会经济发展	
影响力评价	辐射的范围	具有全国性、世界性的影响力	√
		具有长三角区域、浙江省影响力	
		具有市县、乡镇影响力	

续表

评价项目	评价因子	评价依据（特点）	是否
影响力评价	提炼的高度	已经被古代文人士大夫和当代学者提炼为精神符号和理念理论	√
		单纯的样式、造型、工艺技术规范	
发展力评价	与当代精神追求和价值观念的契合	传统文化基因得到创造性转化、创新性发展；区域革命文化基因被完整继承、广泛弘扬；区域社会主义先进文化基因成为与浙江"三个地"相适应的文化高地	
		部分转化、部分弘扬、部分发展	√
		难以转化、难以弘扬、难以发展	

说明：基因特点评价是对解码出来的基因，根据本《导则》表2的要求，围绕"四个力"逐一对表打"√"，进行定性表述

（一）生命力评价

1841年8月，英军入侵舟山。面对英殖民主义者的疯狂侵略，葛云飞、王锡朋、郑国鸿三总兵率5800将士，与英军激战六昼夜，那悲壮不屈的民族精神成为历史光辉的篇章。清道光二十六年（1846），为彰显英烈忠勇，清政府建"三忠祠"，并于光绪十年（1884）重建。1997年香港回归之际，为铭记历史，昭示后人，舟山市兴建了舟山鸦片战争古战场遗址公园。鸦片战争中，中国将领忠荩可风的品格、威武不屈的民族精神、誓死保卫国门的爱国品格，以及群众自发参与保卫边防的爱国精神，作为鸦片战争遗址公园的核心文化基因，广为国人所知、代代相传，加上各种渠道广泛宣传，自出现起延续至今，未曾中断。

（二）凝聚力评价

鸦片战争遗址公园的核心文化基因近年作为爱国主义教育

和国防教育普及，对当地经济、社会产生了重要的推动作用。

（三）影响力评价

中华民族英勇抗击外来侵略者的忠荩可风的品格，威武不屈的民族精神，以及军民表现出来的强烈爱国精神，早已被古代文人士大夫和当代学者提炼为精神符号和理念理论。"定海三总兵"成为中国家喻户晓的英雄人物，"定海保卫战"成为定海的文化地标，多年的爱国主义教育基地的建设，在全国具有一定的影响力。

（四）发展力评价

鸦片战争遗址公园的建成，有助于弘扬舟山抗击外来侵略者的爱国主义精神，亦有助于教育群众缅怀先烈、不忘国耻，进行国防教育，提升人们的国防意识。

三、核心基因保存

就文献保存而言，现有侯富儒、毛慧编著《红船扬帆中国梦——浙江省爱国主义教育基地探秘》（浙江工商大学出版社2016年版），杨江华编著《百部青少年爱国主义教育读本全国爱国主义教育基地·苏浙卷》（团结出版社2013年版），刘学民主编、教育部教育管理信息中心编《中华魂——爱国主义教育基地》（人民日报出版社2006年版），中共江西省委宣传部、江西省精神文明建设指导委员会办公室、江西画报社主编《中华圣地·全国爱国主义教育示范基地巡礼》（江西教育出版社2002年版），红叶诗社编《红叶（第19辑）》（解放军文艺出版社1999年版），炎明主编《浙江与鸦片战争新论》（宁波出版社2000年版）。

除此之外，还建造了舟山鸦片战争纪念馆。该馆位于浙江省舟山市定海区鸦片战争遗址公园内，建筑面积500余平方米。馆内展厅分国耻篇、抗争篇和回归篇三大部分，陈列140多幅历史照片、20多幅展现当年场景的美术作品，以及数十件模型、武器、旗帜和服装等实物。此外，园内除舟山鸦片战争纪念馆外，还建有"三总兵"纪念广场、百将题碑、傲骨亭等，以及迁建的三忠祠和在公园施工中发现的抗英阵亡将士古墓群。

远洋渔业小镇

海定波平　定海文化基因

远洋渔业小镇

舟山定海远洋渔业小镇位于舟山本岛北部、定海区干览镇西码头区域，处于舟山国家远洋渔业基地内，坐拥国家级中心渔港——定海区西码头中心渔港。2016年1月入围省级特色小镇第二批创建名单，是以绿色海洋健康产业为方向，以远洋渔业为特色的健康类特色小镇，2020年正式获批省级特色小镇。规划面积3.18平方千米。功能定位"一港一湾一基地"："一港"即现代化远洋渔业母港；"一湾"即远洋渔都休闲风情湾；"一基地"即远洋健康产业基地。小镇的产业发展，综合了健康制造业和健康服务业两大产业系统的交集，构建以远洋渔业为基本，以健康制造业为内核的特色主导产业——绿色健康制造业。重点是发展"2+2"的产业体系，即做强海洋健康制造业、完善远洋渔业全产业链；同时拓展延伸总部经济与休闲经济两个拓展领域。经过定海区政府、国家远洋渔业基地建设指挥部及创建领导小组各成员单位的共同努力，特色小镇建设初具规模，产业融合发展、产业高端要素集聚、旅游业态发展等方面齐头并进。通过远洋渔业全产业链打造，充分带动全市远洋渔业经济。目前小镇内远洋渔业经济总产出超100亿元，占舟山全市的40%。

一、要素分解

（一）物质要素

1."百年渔港"：世代传承与发展

远洋渔业小镇位于浙江省舟山本岛北部，定海区舟山国家远洋渔业基地内。浙江的海洋渔业，可以追溯到七千年前的河姆渡时期。舟山是我国远洋渔业最早起步、最发达的地区之一。渔业兴则百业旺，舟山渔业在舟山历史上曾谱写了辉煌的一页。具有"百年渔港"传承历史的定海西码头渔港，是舟山和浙江渔业振兴史的缩影，被称为舟山北大门。随着近海渔业资源的不断萎缩，舟山人早已自觉地把深远的目光投向太平洋、大西洋的深蓝地带。

2. 远洋渔业：扬帆起航谱新章

舟山因海而生，向海而兴。20世纪80年代，近海渔业资源几近枯竭。1985年，舟山远洋渔业开始起步，经过30多年发展，全市远洋渔业资格企业达到36家，远洋渔船发展到580余艘，作业海域涉及太平洋、大西洋、印度洋公海及乌拉圭、阿根廷、基里巴斯等国海域，远洋捕捞综合实力位居全国前列。全市远洋船队规模达到700艘，远洋渔业总产值突破100亿元。鱿鱼捕捞量占全国鱿钓产量的60%以上，被称为"中国鱿钓渔业第一市"。2015年，农业部同意并支持舟山市建设国家远洋渔业基地，标志着舟山远洋渔业发展进入了崭新的时代。全国渔业看浙江，浙江渔业看舟山。中国远洋鱿鱼交易中心聚集了全国60%的鱿鱼交易量，有370余家上下游水产企业在线上自由接洽。舟山远洋渔业，未来更美好。

3. 最美渔村：因渔而聚的海洋家园

海洋捕捞、水产养殖、海洋生物、水产品开发加工、海鲜美食、渔港景观、渔民习俗、渔村古居、赶海野趣等充分显示了舟山渔业文化的活力和魅力。舟山渔场是世界四大著名渔场之一。舟山渔文化源远流长，在大海的怀抱中，世世代代的舟山人以海为生，以渔为业，将渔猎文化、渔俗文化、渔船文化等一个个文化要素串珠成链，形成了独具海洋特色的"渔文化"。渔俗、渔事、渔家、渔韵成为核心的渔村风情。这里有欢快热烈的舟山锣鼓、高亢嘹亮的舟山渔民号子、千缠万绕的渔绳结等非物质文化遗产。亲临现场去体验震撼人心的祭海仪式。漫步于一个个海岛渔村，就是与一座座鲜活的海洋渔文化博物馆亲密接触。在最美渔村建设背景下，营建之后的渔村环境优美、卫生整洁，已是旧貌换新颜。

（二）精神要素

1. 同舟共济的和谐传承

自古以来，舟山人形成了"海纳百川、同舟共济"的精神。大海养成了舟山人独特的性格和海一般的胸怀：每当遭遇台风等自然灾害的侵扰，渔民必定相互帮助、齐心协力、舍己为人、共渡难关。渔民既勇于闯荡大海，不断地向大海索取物质财富，又虔诚戒慎，敬天畏神，产生许多祭海、敬海的礼仪和约束滥捕滥捞的风俗习惯。人与人和谐、人与自然和谐，才能风顺帆扬，勇立潮头。奋发向上、和谐共处成为推动舟山发展永不枯竭的精神动力。本质上说，是与中华文化精神完全一致的。

2. 向海而生的开拓精神

舟山远洋渔业是改革开放"走出去"的先行者、开拓者。20世纪80年代，舟山的舟渔公司开始探索发展远洋渔业。这是我国海洋渔业史上的第一次。20世纪90年代，一批专业化远洋渔船投入生产，远洋渔业创造了不俗业绩。目前，舟山远洋渔业已实现海上"捕捞与加工"一体化，加工、捕捞、运输无缝衔接。向海图强、谋海为民。舟山人开拓创新的精神与社会主义核心价值观相契合。可以增强海岛建设的文化自信；可以夯实海岛建设的担当有为；可以推动海岛建设的改革创新。

（三）制度要素

1. "文化+"带来产业发展新动力

舟山渔场是中国最大的海洋渔场，拥有沈家门、嵊山等著名渔港。渔船、渔网都是渔港独特的风景。早期渔民多以家庭为单位从事海洋渔业，随着船只大型化和捕鱼向深海扩张，海洋渔业生产逐渐开始专业化分工。上千年的海洋渔业生产生活，造就了舟山丰厚的海洋民间宗教信仰、渔民生活习俗、海洋民间传说和大量的渔谚故事等。海洋文化创意产业则承担了小镇打造渔文化体验区的功能定位。以"渔业增效、渔民致富"为落脚点，全力打开生态环境优势转化为生态经济优势的通道，大力发展美丽经济，不断增强渔民群众获得感，发展休闲渔业。

2. 科技助力智慧渔业发展

北斗卫星导航系统：包括渔船出海导航、渔政监管、渔船出入港管理、海洋灾害预警、渔民短报文通信等应用。特别是在没有移动通信信号的海域，使用北斗系统短报文功能，渔民能够通过北斗终端向家人报平安，有力保障了渔民生命安全、国家海洋经济安全、海洋资源保护和海上主权维护。

舟山智慧海渔综合管理服务平台项目：将以快速推进舟山海洋渔业综合管理与服务平台智慧化为根本任务，整合现有系统资源，通过中台技术、云计算与大数据技术以及人工智能等现代信息技术，建立先进的融合海量跨界涉海涉渔多源数据的智能化管理与分析平台。进一步提升渔船监管、渔业救援服务、渔港管理、远洋渔船监管、渔业资源管理监测等水平。

二、文化元素核心基因提取与评价

远洋渔业小镇文化基因评价依据

评价项目	评价因子	评价依据（特点）	是否
生命力评价	文化基因存续的时间	自出现起延续至今，未曾明显中断	√
		自出现起延续至今，但多次衰微、中断后复兴	
		曾明显衰败，改革开放后开始复兴或历史溯源关键环节缺失，难以考证	
		文化形态主体已灭失，现存部分痕迹	
	文化基因的稳定性	在发展过程中保持相当稳定的状态	√
		在发展过程中存在明显的精神内涵、表现形式剧变	
凝聚力评价	文化基因的凝聚力及社会动员效果	曾广泛凝聚起区域群体的力量，显著推动过社会经济文化的发展	
		曾部分凝聚起区域群体力量，对社会经济文化的发展产生过影响	√
		凝聚过力量，创造过实际的发展动能，但未见对社会经济文化发展产生显著改变	
		仅在历史文献或口耳相传中存在，未见实际介入社会经济发展	
影响力评价	辐射的范围	具有全国性、世界性的影响力	√
		具有长三角区域、浙江省影响力	
		具有市县、乡镇影响力	
	提炼的高度	已经被古代文人士大夫和当代学者提炼为精神符号和理念理论	√
		单纯的样式、造型、工艺技术规范	

续表

评价项目	评价因子	评价依据（特点）	是否
发展力评价	与当代精神追求和价值观念的契合	传统文化基因得到创造性转化、创新性发展；区域革命文化基因被完整继承、广泛弘扬；区域社会主义先进文化基因成为与浙江"三个地"相适应的文化高地	√
		部分转化、部分弘扬、部分发展	
		难以转化、难以弘扬、难以发展	

说明：基因特点评价是对解码出来的基因，根据本《导则》表2的要求，围绕"四个力"逐一对表打"√"，进行定性表述

（一）生命力评价

舟山的历史，几乎就是一部海洋渔业史。七千年前，浙江沿海先民就在简陋的生产条件下劈波斩浪、耕海牧渔。就现有史料分析，浙江海洋渔业的规模化生产应该不晚于唐代。两宋时期，浙江海洋渔业已经形成一套完整的产供销体系。如果说《渔光曲》是旧时舟山渔业艰难发展历程的见证，那么，新中国成立后，舟山人民经过半个多世纪的奋力拼搏，终于使舟山渔业恢复生机并走上快速发展道路。舟山因海而生，向海而兴，勤劳勇敢的先民创造了灿烂悠久的渔业文化，体现了舟山渔民的生产、生活方式，甚至是思维方式，远洋渔业小镇的建设与发展，更是对舟山渔业文化的传承与新时代与时俱进的发展。目前浙江共投入海洋牧场建设资金超过3亿元，建设各类海藻场和海草床面积达到100公顷。蓝色粮仓建设取得良好的社会效益。

（二）凝聚力评价

在悠久的渔业发展历史背景下，舟山远洋渔业小镇接续

传承与发展渔业文明，使得在此集聚了较多的渔业捕捞企业和相关渔业产品深加工企业，建立了全产业链的远洋渔业发展体系，同时运用先进的技术与方法，响应了国家所号召的产业结构升级，加速远洋渔业产业链的发展。目前全市共有远洋渔船450余艘，该基地远洋水产品捕捞量占全国的22%，其中鱿鱼占全国的70%，已有水产品精深加工企业40余家，产业基础扎实。小镇规划面积3.18平方千米。渔人广场欧陆风情的特色步行街处处彰显海洋元素，富有浓郁的海洋文化气息。渔人广场还筹办了"中国农民丰收节·舟山渔场丰收节""2020东海开渔节暨舟山远洋渔市节"等多项活动。

（三）影响力评价

舟山远洋渔业小镇所在地干𬒈镇，自古就是舟山本岛北部政治、经济、文化、交通和贸易中心，被称为舟山的北大门。远洋渔业小镇作为基地的发展核心，到2018年底，小镇创建完成后年税收收入达到1亿元以上，旅游总收入达到2.5亿元左右。新聚集企业30家以上，新增就业岗位6000多个。小镇能够引起全世界的注目，全凭借她浓厚的历史特色，又经过了现代的洗礼，最后呈现在世人的眼前。对当地的文化、民族传统以及经济产生积极影响。

（四）发展力评价

远洋渔业小镇立足于"远洋渔业"和"渔文化"的地域特色，抓住舟山国家远洋基地建设的契机，遵循了浙江省特色小镇倡导的"产、城、人、文"四位一体的发展理念。远洋小镇的发展有利于更高品质地打造舟山国家远洋渔业基地，有利于完善浙江省健康产业体系建设，有利于海岛文化的传承和高端要素的聚集，有利于优化浙江舟山群岛新区城乡空间格局。

三、核心基因保存

实物保存有远洋渔业小镇、沈家门渔港等。文献保存而言，渔文化散见于舟山各类史志。舟山是我国远洋渔业起步最早、最发达的地区之一，远洋渔业小镇是对"百年渔港"的世代传承。借助江浙地方资本优势、人才高地优势，先进的生产、作业工具，保障远洋渔船的捕捞成功率。大海养成了舟山渔民侠义大爱、开拓进取的精神。科技助力智慧渔业发展。

远洋渔业小镇现有"远洋渔业小镇展示厅"，保存着中国远洋渔业的历史进程。

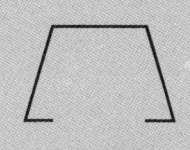

南洞艺谷

海定波平 定海文化基因

南洞艺谷

南洞艺谷位于舟山定海区干览镇新建社区，因为山谷朝东，旭日东升之时，谷口霞光灿烂，故又称太阳谷。地处舟山本岛干览镇南部，距定海城区仅15分钟的车程。此处三面环山，一面临海，陆域面积3平方千米。南洞艺谷拥有自然的生态野趣和乡村农趣，以及海岛特有的民俗、民情、民风，发展生态休闲产业的区位优势明显，旅游资源丰富。由艺术家景观园、休闲养生基地民居客栈、功勋号列车公园、趣味农业、国际壁画村、艺术家梅园、明清民俗村、渔人码头、海盗城等景观组成。此外，木质渔船博物馆在南洞水库建造不同时期的木质帆船 10—15 艘，打造舟山首家渔船博览馆，国内外游客可在南洞看到已经消失的舟山木质渔船。南洞艺谷是少有的环山临海的海洋文化汇聚区，2018 年成为定海首个 4A 级旅游景区。

一、文化元素分解

（一）物质要素

1. 乡村振兴的时代背景

中国共产党第十九次全国代表大会报告明确指出，我国社会的主要矛盾已经转化为人民日益增长的美好生活需要和不平衡不充分发展之间的矛盾。通过乡村振兴缩小城乡差距，实现城乡共同发展，成为一项重要的战略举措。乡村振兴战略的总要求被概括为"产业兴旺，生态宜居，乡风文明，治理有效，生活富裕"二十字方针，对乡村地区的发展提出了很高很严的标准。在乡村振兴战略背景下，农村地区的繁荣发展是需要二、三产业融合实现的；而乡村旅游业的发展，一方面有利于调整农村传统的产业结构，改善农业和农村生态环境，另一方面也有利于提高当地农民的就业率，并且持续不断地提高农民群体的收入。这种做法既可以推动城乡地区的可持续融合发展，推动乡村振兴发展战略有序进行，也有利于打破目前乡村旅游市场发展的僵局，推动乡村旅游目的地形象建设的科学化与协调化。而南洞艺谷正是在这一时代背景下应运而生。

2. 习近平总书记视察南洞艺谷

2015年5月25日，习近平总书记来到新建社区南洞艺谷考察调研，对新建社区美丽乡村建设给予充分肯定。在"绿水青山就是金山银山"重要思想指引下，社区以生态为核心资源，结合海岛特有的自然景致，打造以民俗、民情、生态为体验内容，艺术实习采风基地、研学实践教育基地、创意壁画村特色景观，建成集户外拓展基地、火车休闲广场、渔人码头等于一体的旅游文化景观区。2019年，新建社区共接待游客超45万人次，人均收入达到3.9万元。徜徉于南洞艺谷的乡间小道上，仿佛置身于一个诗情画意的世界。南洞艺谷作为定海乃至浙江休闲旅游的金名片，已经成为舟山群岛发展乡村旅游助力乡村振兴的新典范。

（二）精神要素

"绿水青山就是金山银山"的乡村旅游发展理念。

南洞政府一直秉持"绿水青山就是金山银山"的发展理念，依托社区生态环境原生性的特点，有选择性地进行保护和开发，同时深入开展环境综合治理行动，大力实施"两美干览""四边三化""双清"等专项行动，健全环境污染监管制度，提升区域资源环境承载能力。

牢记习总书记嘱托，逐梦前行。新建社区在"绿水青山就是金山银山"理论的指导下，从2007年就开始了对生活污水的整治，2011年又建成了生活污水处理站。此外，垃圾分类工作也是社区环境治理的重点工作，通过加建分类垃圾桶并加大宣传力度的方式，村民文明素质逐步提高，乡村环境治理成效显著。新建社区围绕"乡村+田园+生态+文化"的发展方向，通过发展生态休闲旅游经济、丰富"文化旅游"内涵等形式，稳步推进美丽乡村打造。推进社区建设发展过程中，党员干部积极发挥先锋模范作用，改革创新、多点突破，如今社区环境美、百姓富，人们过上了城里人都羡慕的好日子。

（三）制度要素

1. 党风正，民风淳

南洞艺谷把生态文明建设融入经济建设、政治建设、文化建设、社会建设的各方面和全过程。响应习总书记的号召，一张蓝图绘到底，一任接着一任干，守护绿水青山，做大金山银山。2015年以来，社区开展全民守法示范点创建，实施村规民约，建立法律顾问定期"坐堂"制度、公检法专人联系机制，成立社区干部和部分社区群众组成的志愿者团队。坚定不移做好全面深化改革的基层实践，积极投入社区新一轮的建设发展，过去村里有事情与村民协商，比较费力；现在，大家反过来为干部出谋划策。村里的几个规划，就集中了大家的智慧；每逢节假日，村民主动参与维持景区秩序。社区将按照"打造特色优势、深化建设内涵、实现强社富民"的发展思路，实现国家级美丽宜居示范（社区）村、中国最美乡村示范村、美丽乡村精品示范点建设等三个创建目标，逐步形成和谐良好的社区"居态、生态和业态"。

2. 深入细分客源市场，科学制定乡村旅游规划

浙江南洞艺谷位于浙江东部沿海，毗邻上海、江苏、宁波、杭州、温州等发达省市，市场前景广阔。沿海发达城市的居民收入相对较高，加之在大城市生活和工作压力大，环境日益恶化，他们有意愿在节假日前往距离较近的环境清新的乡村地区

进行休闲度假，放松心情。南洞成立乡村旅游建设领导小组，研究社区发展规划、景区景点开发、基础设施建设、环境综合治理、文化产业发展等问题。协调安排旅游、文体、住建、水利和农林等部门，成立管理委员会负责各项工作，全面推进乡村旅游发展建设。

3. 加大基础设施资金投入，引导多元资本进入乡村旅游开发

当地政府加大对基础设施资金投入力度，增强基础设施的配套能力和共享性。

①加大乡村主通道建设，扩大和完善环形道路及疏散道路建设。

②以大型停车场及小型停车场相结合的方式建设生态停车场。

③加强盥洗室建设，参考星级厕所建设的同时，突出乡村旅游特点，打造200米内盥洗室服务圈。

④将火车东西广场建设成为游客休憩集结地，为火车车厢业主的配套获得提供支持，满足基础设施需求。当地政府以公开招租的形式吸引市内外文创类个人艺术家、协会或公司（包括各类非遗项目）入驻南洞，积极引导多元资本进入南洞艺谷开发环节。

4. 深入挖掘地方特色文化，打造乡村旅游核心吸引物

深入挖掘南洞艺谷现有的资源，依托海洋文化资源优势，打造群众艺术创作中心、渔人码头、群岛美术馆、民俗壁画村等集创作、研发、展示、培训等功能于一体的乡村旅游产品。同时加强与国内大专院校的合作，建设大学生采风基地，促进优质文化创意活动进入南洞艺谷；开展规模性的壁画大赛，展现农耕文化、海洋文化、传统文化等优秀文化元素，给乡村旅游注入新时代的文化信息，提高南洞艺谷乡村旅游吸引力，打造南洞艺谷乡村旅游的核心吸引物。南洞艺谷住宿特色鲜明，依据徽派建筑向江南海岛演变的特性，结合海岛石头房的建筑特点，充分考虑海洋文化特色的建筑语言，一户一品，一品一味，清新亮丽，形成了风格迥异的建筑样式。

5. 增强宣传营销能力，提高乡村旅游知名度

近年来，南洞艺谷积极开展"徒步中国·神行定海山"、国庆大型游园会、火车派对等丰富多彩的娱乐活动，定海区委宣传部联合有关部门多次组织专项外宣活动，邀请国内知名真人秀、综艺节目等主流媒体走进南洞艺谷，积极联系各大卫视将南洞艺谷作为外景拍摄地，充分利用网络媒体开展乡村旅游资源、产品的宣传营销，提升南洞艺谷的社会影响力。同时还利用微信、同程、携程、途牛等网络平台开展线上销售，通过统一整合乡村旅游产品、统一包装形象、统一拓展市场，实现利益共享，扩大南洞艺谷在全域范围内的知名度。

（四）语言与象征符号

1. 旅艺融合的世外桃源

当地政府加大对基础设施资金的投入力度，增强基础设施建设的配套能力和信息共享性。功勋号列车公园，是一趟往返戈壁滩和嘉峪关的退役蒸汽列车。该趟列车是当年卫星发射基地"两弹一星"科学家乘坐的专列，因其劳苦功高而得名为"功勋号"。在完成光荣使命之后，几经周折，来到了舟山南洞艺谷。2015年，新建社区对其进行改造，形成特色餐吧、咖啡吧、火车影院、火车客栈等功能于一体的"一条龙"业态，实现了旅游文化和艺术熏陶的创意融合。诗情画意，富于生态野趣和乡村农趣。这样一个环境优美清新、很文艺的旅游渔村，生活节奏慢，没有过多的商业化，也没有门票，民风淳朴，真是一个人人向往的世外桃源。

2."步步皆风景、人在画中游"的渔村风情

走进渔村就能感受到这里浓浓的文艺气息，村民的房子被画上了各种卡通图案，如同一幅幅立体的画作，壁画使整个渔村变成了一个天然的艺

术馆。如今南洞艺谷民俗壁画村是舟山最大规模的民俗壁画村，绘画面积近3000平方米。壁画以蓝色调为主，以舟山传统民俗文化为创作主题，融入了民间风俗、农耕文化和海洋文化等元素。一幅幅充满艺术韵味的壁画爬满了民居的墙面，形成了"步步皆风景、人在画中游"的景观。站在里陈村村口，放眼可见整个村庄犹如一幅画卷，铺天盖地般冲击着我们的视觉，这就是里陈壁画村。房屋外墙彩绘后，村舍面貌焕然一新，仿佛是走进了童话世界，给人以恬静的享受。这些壁画作品是由西安美院和中国美院的学生"以墙为纸"，将世界优秀的平面海报、动漫海报等表现手法运用到了墙体彩绘的创作中去，透过朴实、生动的壁画，叫人真切地体会到南洞人民对美好生活的向往。

二、文化元素核心基因提取与评价

南洞艺谷坚持绿水青山就是金山银山的发展道路，在建设过程中充分融入本地的民间风俗、农耕文化和海洋文化等元素。充分展示了海洋文化、渔业文化，表达了海岛人民对美好生活的向往，是中国梦在海岛渔村的真实写照。

南洞艺谷文化基因评价依据

评价项目	评价因子	评价依据（特点）	是否
生命力评价	文化基因存续的时间	自出现起延续至今，未曾明显中断	√
		自出现起延续至今，但多次衰微、中断后复兴	
		曾明显衰败，改革开放后开始复兴或历史溯源关键环节缺失，难以考证	
		文化形态主体已灭失，现存部分痕迹	
	文化基因的稳定性	在发展过程中保持相当稳定的状态	√
		在发展过程中存在明显的精神内涵、表现形式剧变	
凝聚力评价	文化基因的凝聚力及社会动员效果	曾广泛凝聚起区域群体的力量，显著推动过社会经济文化的发展	
		曾部分凝聚起区域群体力量，对社会经济文化的发展产生过影响	√
		凝聚过力量，创造过实际的发展动能，但未见对社会经济文化发展产生显著改变	
		仅在历史文献或口耳相传中存在，未见实际介入社会经济发展	

续表

评价项目	评价因子	评价依据（特点）	是否
影响力评价	辐射的范围	具有全国性、世界性的影响力	
		具有长三角区域、浙江省影响力	√
		具有市县、乡镇影响力	
	提炼的高度	已经被古代文人士大夫和当代学者提炼为精神符号和理念理论	
		单纯的样式、造型、工艺技术规范	√
发展力评价	与当代精神追求和价值观念的契合	传统文化基因得到创造性转化、创新性发展；区域革命文化基因被完整继承、广泛弘扬；区域社会主义先进文化基因成为与浙江"三个地"相适应的文化高地	√
		部分转化、部分弘扬、部分发展	
		难以转化、难以弘扬、难以发展	

说明：基因特点评价是对解码出来的基因，根据本《导则》表2的要求，围绕"四个力"逐一对表打"√"，进行定性表述

（一）生命力评价

南洞艺谷三面环山，一面临海，巍巍五雷山怀抱着整个村子。五雷山海拔432米，是舟山本岛第二高峰，开辟绿道后，成为户外徒步者的必到之地。沿途的古驿道通往峰顶，山上建有一座古老的寺院，名五雷寺，寺内供奉"五雷轰顶"的雷神。俯瞰南洞全景，蔚蓝的海天之下，点点白墙黛瓦，块块油菜花田，落于青山碧水间，醉于芳菲春光中。漫步乡村小路，不期然会与一座老宅邂逅，门庭院落，绿芜深深，微翘的檐角，镂空的窗棂，精美的木门，吸引无数游人轻叩门扉，聆听一段南洞往事。进入新时代，南洞艺谷领导班子冲破思维定势，创业创新，以社区既有的自然条件为依托，形成了以文化融入社区经济发展的思路，充分借助外部智力和

财力，兴建了一批文化产业基地，即全国艺术院校大学生实习采风基地、中国戏剧谷（中国戏剧创演基地）、全国休闲旅游养身基地、全国青少年夏令营基地。同时鼓励村民发展特色民宿、趣味农业等。南洞艺谷成为舟山人民的后花园，越来越多的游客走进南洞这个海岛醉美乡村。"南洞艺谷"品牌已经打响，它不仅具有一定的接待能力，还占有政治热点的优势。随着南洞艺谷的进一步发展，为了更好地服务游客，使游客获得更佳的旅游体验，南洞艺谷的旅游形象有待全面提升。

（二）凝聚力评价

南洞艺谷以特色文化为引领，遵循"绿水青山就是金山银山"理念，在生态文化融合中发展成休闲度假村。新建社区通过打造南洞艺谷，挖掘当地丰富的自然景观和特色渔村文化和民俗风情，开发了国际壁画村、功勋号列车公园、艺术家梅园等景观，不仅让海岛小山村的文化氛围越来越浓厚，"出走"的年轻人也陆续回来，从静默不语的碧水清流到当当作响的"聚宝盆"，南洞艺谷演绎出一串生动的绿色发展脚印。目前，除了拥有全国第一家村级美术馆——群岛美术馆，还引进了舟山摄影家协会、汉服文化协会等多个艺术机构，未来将逐步建设艺术馆群。要通过文化创意、乡村旅游等基因，将新建社区打造成一个文艺村落。2015年，习总书记视察南洞艺谷后，村民更加坚定了发展乡村休闲旅游的信念，走具有本地特色的发展道路，村干部坚持走人民民主路线，遇事经常和村民商量，突出人民的主体地位，一切以人民的利益为重。社区克服困难，开展全民守法示范点创建，实施村规民约，建立法律顾问定期"坐堂"制度、公检法专人联系机制，成立社区干部和部分社区群众组成的志愿者团队。

（三）影响力评价

经过多年的发展，"南洞艺谷"的文化品牌已经打响。文化创意产业欣欣向荣。舟山市渔民画产业协会扎根南洞，集聚了全市渔民画创作、销售资源。引进了红钳蟹文化发展有限公司等2家本土文化企业，打造了群岛美术馆，研发渔民画等海洋文化衍生品10余种。里陈"壁画村"在35

幢民房上，绘制完成100多幅渔俗壁画，创下全国之最。文创采风影视基地逐渐成形。社区已与中国美院、西安美院、浙江工业大学、华侨大学等25所院校签订了实践写生采风协议。市影视家协会还在南洞建立了"海莱坞"影视创作基地。文化旅游初具规模。建成了火车休闲广场、渔人码头、明清仿古老街于一体的南洞旅游文化景观区。改建了南洞农民旅馆80余间，推出"慢生活"休闲民宿和民俗文化品位农家乐等。目前，"南洞艺谷"年均旅游人数屡创新高。村民实现在家门口挣钱，人均收入从2010年的12700元提升到22000元，先后荣获全国文明村、浙江省旅游特色村、浙江省十佳农家乐特色村等光荣称号。

（四）发展力评价

习近平总书记来南洞艺谷考察时称赞村里有书卷气、文化味。南洞艺谷依托海岛山村独有的自然景观的同时，不断丰富社区的"文化旅游"内涵，以项目带动产业发展。张高俊是以创作舟山渔民画出名的本地画家，来到新建社区后，他组织村民们进行渔民画、刻纸、石头画等技艺培训，还带领他们培育发展乡土文化产业，开发文化旅游商品。新建社区在"文化味"上做足了文章。"通过'文化+'的模式，逐步打造了一个'有文化、有特色、有文艺范儿'的美丽乡村。"厚植文化底蕴，成为新建社区一大亮点。文化+旅游，把一方水土建设成海岛"大花园"；文化+产业，进一步打响南洞海洋民俗文化品牌；文化+戏剧，"中国南洞·戏剧谷"初具雏形。目前，新建社区正在申报"全国研学游示范基地"，海岛村落与文化艺术不断擦出火花。中国美院等20余所艺术类院校在这里定点开展教学实践采风活动；浙江省作协、摄影家协会等20余个文艺单位落户文化小镇，进行文学、摄影、绘画等创作；10余部影视剧到南洞艺谷取景拍摄。

三、核心基因保存

新建社区文化大礼堂雕塑广场上，矗立着汤显祖、关汉卿、梅兰芳、易卜生、莎士比亚等中外戏剧大家的雕像，礼堂内设有定海木偶戏展示区。文化小镇每间工作室前都有一块古色古香的木牌，上面有豫剧、皮影戏、越剧、评剧、京剧、黄梅戏等剧种的介绍。推门而入，新建文化大礼堂里，各种精美的戏服、演出道具，让人如徜徉于优秀传统戏剧文化空间。

海岛第一村

海定波平 定海文化基因

海岛第一村

马岙位于浙江舟山本岛的北部，离"海天佛国"普陀山30千米，与蓬莱仙境岱山隔港相望，是舟山文明的发祥地，拥有深厚的历史文化底蕴，是江南"稻作文化"东渡日本的中继地。马岙新石器时代文化遗址是舟山群岛继大巨孙家山、白泉十字路之后发现的又一处新石器时代文化遗址，也是舟山群岛迄今发现的规模最大、保留最完整、内涵最丰富的遗址群，是研究古人类活动、大陆与海岛之间关系的重要实物资料。六千年前新石器时代的特大石犁、磨制精细的石器、陶器等大量古代器具的发掘，反映出马岙的原始农耕社会的繁荣；其后数千年的历史发展中，传统的农耕逐渐向"耕、渔、盐、读"

发展延伸，马岙人用自己的劳动和智慧将其传承并发扬；明朝时期的抗倭斗争、清朝时期鸦片战争、近代抗日战争等，在历代海防战争中，马岙因其重要的地理位置经历着一次又一次硝烟与战火的洗礼……上述种种使马岙在数千年的发展中积淀了丰厚的历史文化遗存。马岙境内的古码头、古客栈、古驿道、古民居等古迹印证着古时马岙的繁荣景象，对研究海洋文化具有重要的参考价值。

马岙拥有近六千年的独特海洋文化史，享有"海上文物之乡""海洋文化发祥地""中国海岛第一村"之美誉，它和良渚文化、河姆渡文化同为中华民族发祥地之一。据凉帽篷墩等地出土特大石犁、石锛、石锄、石凿等文物考证，早在距今六千年左右的新石器时代，就有人类在此繁衍生息。境内分布着大量的文物古迹，如烽火台、古驿道、杨静娟纪念碑等，2000年被列入浙江省第二批省级历史文化保护区。目前马岙街道正围绕打造"全景马岙"的战略部署，深入挖掘"中国海岛第一村"历史遗存，通过保护利用海岛渔村历史文化，打造新农村文化样板，加大历史文化村落保护与开发等方式，推进全景化美丽乡村建设。

一、要素分解

（一）物质要素

1. 舟山本岛的交通中心、军事重地

马岙，古称"景陶""马岙庄"，向来是舟山本岛的交通中心、军事重地。据《定海县志》记载，唐开元年间，曾议马岙为城。时马岙已具相当规模，自城至马岙三江口古驿道全长14千米，用石块铺砌，始建于唐开元年间。北部三江口是连接岱山、上海、宁波等地的重要通道。清代置富都乡，后改马岙庄，清代宣统年间称之为景陶。清道光初年至民国后期，以唐家街为中心，成为当时马岙、小沙、干览诸庄主要贸易区。1950年5月，景陶属小沙区，下辖8个行政村，新中国成立初期建立景陶、马岙、三江、北海四个小乡；1953年，原景陶乡分为景陶、马岙、三江、北海4小乡，属干览区；1956年4月，调整乡镇建置，4小乡合并建立景陶乡人民政府；1956年8月景陶乡又分设马岙、景陶2小乡；1958年2月，马岙、景陶2小乡合并成景陶乡；同年10月，景陶、干览二乡合并建立东风人民公社；1962年12月，建立白泉区，辖白泉、皋泄、北蝉、干览、马岙5个公社（乡）；1968年4月，建立马岙公社革命委员会；1984年6月，政社分设，恢复马岙乡人民政府；1996年10月，马岙撤乡建镇；2005年7月建立马岙街道。

2. 浙江海洋文化的重要发祥地

舟山马岙海岛史前文化遗址距今已有近6000年，其最有代表性的标志是世界罕见的土墩文化群，据考证这是先民在此生活而留下的原始海滨村落遗址。自1978年以来，马岙文化遗址相继发掘了唐家墩、洋坦墩、凉帽蓬墩等新石器时代古文化遗址12处，商周时代遗址8处，出土斧、刀、镞、凿、镰、斫砸器等文物共计500余件，还包括号称"中华第一犁"的石犁。根据考古学专家鉴定，马岙文化遗址出土文物具有良渚、河姆渡文物基本特征，属于河姆渡文化的分支。洋坦墩新石器时代陶器遗址，证实5000多年前马岙先民已始培植水稻。五一船厂墩商周铜器遗址，唐家墩唐代铜器遗址以及唐代青瓷双系罐、宋代双耳壶、韩瓶、三胜炮台岗唐宋窑址，明代有流小石臼等等，都说明了马岙历史悠久。从文化发生学的角度来看，具有"海上河姆渡""海岛第一村"之称的马岙，被广泛认同为浙江海洋文化的发源地。

3. 江南"稻作文化"东渡日本的中继地

马岙是古代中日文化交流的中间站。人工栽培稻谷是河姆渡遗址最重要的考古发现之一。先后两次考古发掘中，均在马岙土墩文化遗址的第四文化层发现了大量的稻谷和谷壳堆积层，从而有力证明了中国是稻作农业的发源地之一。1994年，浙江省考古学会会长毛昭晰教授到马岙考察洋坦墩遗址时发现出土的夹砂红陶片中印有清晰的稻谷痕迹，以此认定马岙早在5000多年前就有稻作文化。

对于稻作文化什么时候、从哪条路线东传日本、朝鲜，学界曾有"北路说""中路说""南路说"等不同的观点。然而，考虑到稻谷栽培的地理、气候条件，稻作农耕技术跨越江河湖海的能力，以及稻作文化从中心向外围传播的时间和空间序列，江南稻作文化经由舟山群岛，"非目的性"渡海东传至日本的观点，在学术界已经获得普遍的认同。马岙土墩文化是河姆渡文化分支，马岙古文化遗址群出土的陶罐上有稻谷痕迹，为稻作文化经由舟山群岛东渡日本提供了有力的实物佐证。因此，马岙作为江南"稻作文化"东渡日本的中继地已被学界广泛接受，日本弥生时代的稻作文化很有可能就源于马岙。

4. 明清时期抗击倭寇的前沿哨所

马岙曾是历史上的军事重地。明代为东南沿海抗击倭寇、保卫家园的前哨阵地。明代东南倭乱时期浙直总督胡宗宪组织编成《筹海图编》中有记载："自倭奴入寇东南，惟浙为甚，浙受祸惟宁、台、温为最甚。"舟山隶属宁波府，是倭寇前往宁波港的必经之地，因而成为倭寇侵扰东南沿海的重要据点。长时间的抗倭斗争为舟山留下了众多的遗址，包括沥港平倭碑、岱山长涂倭井潭、普陀山的"抗倭摩崖题记"等。马岙也有一系列抗倭文化遗迹得以保存，其中昭君山和炮台岗上现存有由9个用石块堆砌而成的烽火台，是当年观察倭寇敌情、用于燃火传报军情的重要军事防御设施。此外，位于后湾的抗倭古战场遗迹、平石岭的戚家军墓地，以及位于长春岭长达数百米石城墙构成的古军事关隘等至今保存完整，成为马岙人民抗击倭寇的历史见证。

5. 古代区域贸易的海上交通枢纽

古代马岙三江埠是舟山重要的海上交通枢纽。据《定海县志》记载，唐开元年间，马岙已具相当规模，自城至马岙三江口古驿道是当时舟山与外界联络的重要邮路。明清时期有航船往返于定海与嵊泗、衢山、岱山、秀山等诸多岛屿。至民国初，三江埠建有五座埠头，并通过驿道连通定海城区和其他乡镇。现存有从三江至定海城区的驿道遗迹、临江亭（三江古客栈）、止善亭等古建筑，沿线还有具有重要保护价值的龙眼古井、唐家村古民居残壁、四合院等遗址。从这些文化遗址可以看出古代马岙作为贸易枢纽的繁忙景象。

6. 丰富的历史文化遗存

马岙分布的文化遗存中，有凉帽蓬墩遗址、洋坦墩遗址、唐家墩遗址、长墩遗址等古人类遗址；在古建筑遗存中有林氏宗祠、唐家村古民居、清代四合院等明清时期民居建筑，以及自唐宋时期以来保留至今的古驿亭和古军事关隘；在宗教文化方面，马岙宗教文化相当丰富，境内有庵堂、庙宇十余处。受到舟山普陀山佛教文化影响较大，其中唐贞观年间建造的化成禅院本身就是普陀山梅福庵下院。马岙至今仍然有经庵遗址、明珠庵遗址、中峰庙遗址等寺庙保存完好。这些庙宇历史较久，规模较大，现仍香火兴旺，香客盈门。马岙的许多民间传说、人文景观也大多罩上宗教色彩。如卧佛山和观音、龙眼井与龙图腾文化，单奇洞的单奇道人救世济民之善举，九十九个土墩和女娲等，都深深印着佛教和道教的烙印。近现代代表性建筑、古墓葬门类历史文化遗存相对较少，主要代表有民国时期的民居建筑、马岙博物馆等。已发掘的这些历史文化遗存中，古人类遗址均为省级文化保护单位，唐家村古民居为市级文化保护单位，林氏宗祠为区级文化保护单位，其他大部分未定级。

①凉帽蓬墩遗址。凉帽蓬墩遗址在洋坦墩以东80米处的稻田下，是迄今为止舟山群岛发现的马岙古文化遗址中最高最大的一个新石器时代原始村落居民区，面积达30000平方米。其中有新石器时代遗址5处，东周时代遗址15处。土墩出土了近100件文物，有鸟形支座、特大犁形器、三角形石土器等。这些文物填补了舟山史前出土文物的空白。土墩文化层堆积厚达3米，文化内涵较为丰富，持续时间从新石器时代一直延伸到唐宋时期。遗址中大量石簇、兽骨、鹿角，以及蛏子、魁蚶等贝壳，说明生活在这里的先民不仅从事农耕生活，还进行渔猎生产活动。1997年8月，被列为浙江省文保单位，并立有标志碑和保护界线桩。

②洋坦墩遗址。该遗址在耿家王以南的洋坦里，属新石器时代，面积1000平方米。1994年10月，中国社会科学院考古研究所吴海祚偕省文物

考古研究所王海明会同舟山市文物办及市博物馆考古工作人员,在洋坦墩进行试掘,充分揭示了该遗址地层关系。揭开表层土后,文化层划为三层,在此出土的夹砂红陶碎片上大多数留有稻谷痕迹。专家们一致认为舟山在5000年前就已开始大量种植水稻,且较为发达,初具规模。

③唐家墩遗址。唐家墩遗址在西瓦厂四周的水稻田下,属新石器时代,总面积4000平方米。1978年村民在田中取土制砖瓦时暴露遗物。1979年省文物考古研究所会同舟山地区文管会对其进行试掘,文化层距地表1.2米,出土石器有石簇、石锛;陶器有釜、鼎、盘、罐、纺轮数种。陶片以光面为主,还有饰绳纹、划纹和弦纹。包含物中的小口球腹圆底釜,在陶片中占很大数量。出土的鱼鳍形足鼎,截面呈"T"形,与良渚文化同类器相同。该遗址文化层堆积较丰厚,内涵丰富,延续时间较长,约相当于河姆渡晚期至良渚文化时期。

④长墩遗址。长墩遗址位于原上袁和下袁东面,小马(小沙—马岙)线从其西侧通过,是所有遗址中最长的一个土墩,属新石器时代遗址。出土文物有青瓷钵、印纹硬陶高颈壶、瓷碗、四系罐等,尚有大量红烧土块和支座。现已被列为区级文保单位,并立有保护界碑,日本考古专家也在该遗址上多次进行考古调查。

⑤林氏宗祠。林氏宗祠位于马岙楼门街,始建于明末清初,名曰"双桂堂"。马岙林氏于南宋宝庆年间从福建莆田迁入,已有近800年历史,林家世代人丁兴旺,俗有"林半岙"之誉,属典型的明代建筑。坐南朝北,占地面积约0.8亩,分正堂(3间)和穿堂(3间)两进,中间隔天井,有

东西两台门，90年代初和90年代末两次修建，并增设戏台。它是林氏族人举行祭祀、婚丧嫁娶的重要场所。定海区于2003年1月将该建筑列入文保单位并立碑。

⑥袁氏宗祠。袁氏宗祠地处原三胜村上袁199号，先祖于明洪武三年从诸暨迁入翁州长墩。宗祠始建年月无考。坐西朝东，占地面积约0.6亩。设正堂、偏堂三间，院子砌围墙、造墙门。有一匾名为"积庆堂"。祠堂内有保存完好的木雕建筑和彩绘艺术，壁画八仙故事惟妙惟肖。因先祖曾有人中进士，故于正堂设置一块正方形阅台，规格2米*2米。据传全舟山仅3块半阅台。1983年对宗祠进行扩建、重修，增设厢房和戏台。2002年被列为舟山市文化古迹。

⑦安氏宗祠。安氏宗祠位于团结社区安家村中段里，始建年月无考。坐西北朝东南，仅一间加院子。民国十六年（1927）扩建，占地面积约0.5亩，设正堂、偏堂三间，前面砌照墙并立碑。2002年被列为舟山文化古迹。

⑧唐家村古民居。唐家村是马岙街道内传统风貌建筑较为集中，保存相对完好的古村落。1940年9月，日军扫荡马岙时，大部分古建筑遭到破坏。唐家村内建筑以一层、两层建筑为主，有少量的三层建筑。新老建筑混杂，严重影响古村落的传统建筑风貌。在唐家村曾留下了众多古建筑，如阁厢楼、走马楼、一字楼、景行书房、礼房里、贞房里等建筑群，其中以建于清末的唐家三房、二房的阁厢楼和走马楼最为壮观。日军火烧马岙庄时，大部分古建筑被焚毁，特别是贞房里的一栋二层洋房，为当时中西合璧之建筑，然今只残留台门、防火墙。现在尚保存完整的礼房里三合院，位于唐家村西侧，是一座古朴典雅的江南古民居，白墙黛瓦，青石铺地。台墙门的石雕精致隽秀，融合了人物典故、民俗风情、花鸟虫鱼，栩栩如生。厢房、厅堂的门窗上、梁柱上，亦精雕细琢。2002年唐家村古民居被列为舟山市文化古迹。

⑨楼门街民居。马岙街道内的楼门街也是传统建筑风貌保存比较好的街区，曾是当地最热闹繁华的老街，目前仍保留着古老的文化印迹，散发出浓郁的时代气息。楼门街东起平石岭下定马公路，西至安家石板路下，总长1700米，道路两侧有不少商铺，烟灰色的墙体和外立面造型都带着岁月的质感，透露出浓浓的民国风，它曾经是马岙的中心商贸区。楼门街一带最初称为楼门口，主街是一条石子路，在20世纪四五十年代主街周围以农田为主，道路不到4米宽。当地居民聚集在这一带摆摊卖蔬菜、早餐等，逐渐形成了一个露天的商贸集市区。楼门口曾经还是开红白庙会的集中点，几乎家喻户晓，尤其遇上五年一次的大型庙会，大沙、小沙、白泉等地的人都会赶来参加。成千上万的人聚在楼门口一带，看表演、吃美食，热闹非凡。

⑩高家古民居。高家古民居地处高家二房（俗称高家老屋），始建于清咸丰年间。坐西北朝东南。为三连檐七架平房，设五正间，两厢头，两弄堂，左右各三厢房，前面为照墙和墙门，占地面积约2亩，现遗址尚存，保存完好。2002年被列为舟山市文化古迹。

7. 精美的出土文物

马岙古人类遗址目前已发掘29墩，出土了大量文物。文物中的石器有斧、刀、镞、凿、镰、砍砸器等，还有号称"中华第一犁"的石犁。石器中有少数是通体磨光的，陶器以夹砂红陶为主，少量为泥质灰陶和夹炭黑陶。纹饰以素面为主，也有绳纹、弦纹和划纹。这些出土器物证实了定居在马岙的先民们已经脱离了刀耕火种的耕作方式，进入了锄耕和犁耕阶段，人类的生产技能得到了很大提高。

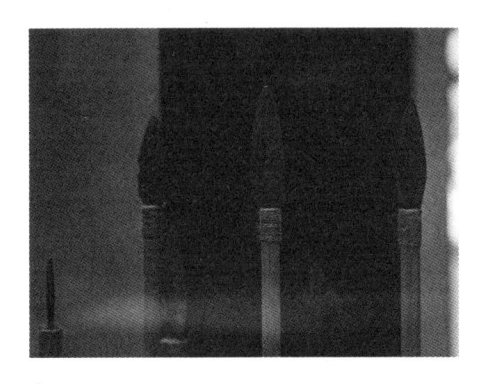

（二）精神要素

1. 与大自然和谐相处的理念

在原始部落时代，由于生产力水平低下，生存条件又比较恶劣，人们把生存当作生活中的头等大事。原始先民们依赖所处的自然条件，选择海湾地势高处定居下来，主要从事农作、捕鱼和打猎，在漫长的历史发展进程中他们与大自然和谐相处，创造了一个又一个文明奇迹。

2. 顽强的生存意志和卓越的智慧

先民们用顽强的生存意志和卓越的智慧克服了当时大自然和外界环境的种种限制因素生存下来。他们一边用石器耕作、种植水稻，一边用镞、凿和各种砍砸器、刮削器进行渔猎；他们以野兽、鱼虾及贝类充作食物，用陶釜、陶鼎烧东西吃，用陶纺轮和兽骨制作的针纺制衣服。农业和畜牧业已经出现，手工业也得到了发展，尤其是陶器的发明和制作，使先民们第一次改变了对自然物的依赖，集中凸显了人类的智慧和文明的曙光。

（三）制度要素

1. 生产力决定生产关系

人类社会发展经历了一个漫长的演变过程，从人类出现到国家形成，人类经历了百万年的发展与演进。旧石器时代由于生产力低下，人们的食物来源不固定，经常受到饥饿的威胁。人类在艰苦的条件下不断进步，当历史发展到新石器时代以后，原始的农业和畜牧业开始萌芽并发展起来，农业和畜牧业的出现改变了先民原来的生活方式，人类不再完全依赖自然的赐予，开始生产自己生存所需的食物。同时，生产工具出现了大飞跃，手工业逐渐专业化，母系社会制度出现，氏族公社时代进入了繁荣时期，人类历史也揭开了崭新的一页。

2. 水稻精耕细作的生产流程

海岛地区优良的自然环境为水稻生长创造了良好的条件。水稻栽培从育种到丰收要经历一个完整的流程，具体包括整理育种田地、选种、育秧、插秧、田间管理、收割、脱粒、晾晒等多个生产环节，每个环节需要大量的劳力，在生产力水平普遍较低的情况下，这些劳动主要靠人力完成，水稻种植是精耕细作、以人工劳动为主的传统农业。

3. 丰富的民俗

①祭灶。传说农历十二月廿三日是灶君菩萨（灶神）上天向玉帝汇报之日，家家户户炒制糕点，陈祭灶果于灶上，扎马于灶前，供以草料、饮水，祈求灶神上天奏好事，下界保平安。祭毕，焚化灶神像，阖家（以小孩为主）分食"祭灶果"（一种专为祭灶特制糕点，有红白酥球、麻球、油枣、脚骨糖、麻片等）。廿四日家家户户打扫房舍，称"掸尘"。新中国成立后，祭灶者渐少，吃祭灶果、掸尘仍很普遍。

②婚礼俗。旧时，男婚女嫁，全凭父母之命、媒妁之言，婚嫁礼节亦甚繁琐。另外流行阿姑代拜堂，公鸡陪新房的习俗。

③丧葬俗。旧时，丧葬礼节繁多，有的为表示对亡父（母）"孝敬"，不惜借债大办丧事，落得负债累累，故有"死要面子活受难"之说。另外有潮魂葬："嵊山箱子岙，十几棺材九口草。"真实反映了新中国成立前舟山渔民悲惨遭遇，这是对旧社会血泪的控诉。在旧社会渔民生命无保障，翻船落海，找不到尸体，常以稻草人代替死者，请念伴招魂，后再行葬礼，因招魂魄需在夜间潮水初涨时进行，故俗称"招潮魂"。

④生育俗。女子怀孕前，娘家要送"催生衣""生母羹"，满月日，外婆家要送衣物、食品和彩线（"长命线"），扎成的装有钱的红包，并挂红包于婴儿胸前，谓"铜钿牌"。婴儿要剃满月头，戴狗头帽，穿一口

钟、虎头鞋，由长辈抱着，串街走巷一圈，邻居互抱相看，戏称兜圈子的婴儿"寻老婆"或"寻老公"，在渔村流行抱婴儿在海边"戏浪"。

（四）语言与象征符号

1. 马岙古人类遗址传说

相传马岙有九十九个土墩。女娲补完天后东巡，降落于马岙土墩，被满山的生灵和秀景吸引。女娲折来树枝蘸着泥浆向外甩，泥浆珠儿四射，落地后成为大大小小的土墩。小动物们帮女娲一起数着，刚好九十九墩。女娲想连我站着的土墩就有一百墩了。于是她又用泥浆捏出了五十个男人和五十个女人。她对泥浆人儿说："你们一人守一墩，好好生活下去吧。"女娲飞天之时，双脚一蹬，把脚下的那个土墩踢塌了。于是马岙只剩下了九十九个土墩，其中一个男人和一个女人只好同处一墩。结果这对男女生育了他们的子女，于是所有土墩的男人和女人都懂得了生育，他们幸福地在马岙繁衍了下来。

2. 马岙失筑县城传说

唐开元年间，唐玄宗为巩固海防，加强对海岛人民的统治，传旨在舟山岛建一县城。当地官员纷争激烈，最后拟定马岙和定海洋岙中择一而建。皇上派钦差前来调查，作最后定夺。经地方官员的激烈争议，最终以称两地泥土轻重来作决定。结果洋岙有人使用了在泥土中掺拌大量铁砂的计策，泥土自然比马岙重，县城就建在洋岙。

3. 单奇洞的故事

康熙《定海县志》卷三《山川》中记载："单奇洞，县北三十里，马隩中峰之椒。相传昔有单奇修道于此，知者挟之，操炬入洞，不知所往。"民间传说，此洞深不可测，直通大海。一天，一农夫在山上砍柴，一不小心，扁担掉入洞中，一礼拜后，想不到那条刻名号的扁担在三江口海边被人捡到了。

4. 马岙博物馆

马岙博物馆址设白马街西端南侧。2000年5月动工建造，投资340万元，

为二层楼房，建筑面积 1340 平方米，占地面积 3335 平方米，2001 年 1 月竣工，5 月正式对外开放。馆内设四个展厅。第一展厅为海岛第一村。立体展现马岙全景图和新石器时代马岙先民生活场景以及北一村出土的 125 千克的陨石。第一部分：马岙遗址，海岛之光。陈列出土的各种贝壳、兽骨以及生活、劳动、狩猎的石器，并配有相应的示意图和遗址及国内外专家来马岙考察时的照片。第二部分：富庶之乡，军事重地。陈列出土的唐、宋、元、明、清时期的青铜器、陶器，并配有商埠船只、古驿道、古驿亭、古客栈、古窑址、古石拱桥以及后湾古战场、昭君山古烽火台、杨静娟被捕处等图片。第三部分：高风亮节，代代相传。陈列宋代陶回孙，元代陶椿卿，明代陶铸、陶恭、陶积画像，以及相关的《定海县志》，《定海厅志》。第四部分：文物重镇，开创新天。陈列农业兴旺（含大棚、养殖、水果基地），工业崛起（含境内各骨干企业），水利、交通、基础设施、文化教育等照片，还陈列各报纸中刊出的有关马岙利用古文化开发旅游业资源的文章。第二展厅为海盐生产展。展出煎煮、板晒、滩晒的海盐生产工艺。陈列新工艺、新产品、新工具等方面的图片、文字和马岙盐场全景之缩影图以及流滩晒盐过程模型，配陈盐谚歌二首。第三展厅为海岛民风习俗展。展出当时较为殷实农家之全貌。第一部分为生活习俗，第二部分为生产习俗，第三部分为时令习俗，第四部分为礼仪习俗，第五部分为文娱习俗。第四展厅为流动展厅，按时更换展出内容，现已展出结艺、书画作品，根雕艺术等。

二、文化元素核心基因提取与评价

与大自然和谐相处是先民的生存哲学观；用顽强的生存意志和卓越的智慧克服外界的环境条件限制是人类社会发展和文化传承的重要基石；先民们协作劳动、和谐共处、自强不息的坚定信念以及伟大文明的传承、进步是马岔古人类遗址存续的重要因素。

马岔古人类遗址文化基因评价依据

评价项目	评价因子	评价依据（特点）	是否
生命力评价	文化基因存续的时间	自出现起延续至今，未曾明显中断	√
		自出现起延续至今，但多次衰微、中断后复兴	
		曾明显衰败，改革开放后开始复兴或历史溯源关键环节缺失，难以考证	
		文化形态主体已灭失，现存部分痕迹	
	文化基因的稳定性	在发展过程中保持相当稳定的状态	√
		在发展过程中存在明显的精神内涵、表现形式剧变	
凝聚力评价	文化基因的凝聚力及社会动员效果	曾广泛凝聚起区域群体的力量，显著推动过社会经济文化的发展	
		曾部分凝聚起区域群体力量，对社会经济文化的发展产生过影响	
		凝聚过力量，创造过实际的发展动能，但未见对社会经济文化发展产生显著改变	√
		仅在历史文献或口耳相传中存在，未见实际介入社会经济发展	

· 058 ·

续表

评价项目	评价因子	评价依据（特点）	是否
影响力评价	辐射的范围	具有全国性、世界性的影响力	√
		具有长三角区域、浙江省影响力	
		具有市县、乡镇影响力	
	提炼的高度	已经被古代文人士大夫和当代学者提炼为精神符号和理念理论	
		单纯的样式、造型、工艺技术规范	√
发展力评价	与当代精神追求和价值观念的契合	传统文化基因得到创造性转化、创新性发展；区域革命文化基因被完整继承、广泛弘扬；区域社会主义先进文化基因成为与浙江"三个地"相适应的文化高地	
		部分转化、部分弘扬、部分发展	√
		难以转化、难以弘扬、难以发展	
说明：基因特点评价是对解码出来的基因，根据本《导则》表2的要求，围绕"四个力"逐一对表打"√"，进行定性表述			

（一）生命力评价

在中国古代，人们就认识到了人与自然应该和谐共处的道理，并形成了"天人合一"的思想观念。"天人合一"的思想是中国古代先辈对人与自然关系的基本认识，也是中国传统价值观念的重要组成部分。这一思想命题是由北宋张载第一次明确、系统地提出的。张载在其名篇《正蒙·乾称》里说："因明致诚，因诚致明，故天人合一。"天人合一的思想，指明了人与自然应是和谐共处的关系，人凌驾在自然之上的做法是完全错误的，体现了人类生生不息、前仆后继，与天地万物共同存在、发展、创造的完美主义理想和拼搏进取的精神，也体现了中华民族的世界观、价值观、思维模式的全面性、先进性和创造性。人们在实践活动中应充分尊重大自然万事万物的生存权利，实现人与自然的和谐一体，力求达到人与天地万物互相尊重、和谐相处、共同发展。这些道理和智慧一直到今天仍是有生命力和指导意义的，有利于指导我们的实践，实现经济社会发展和环境保护的可持续发展。

（二）凝聚力评价

"天人合一"与"绿水青山就是金山银山"理念一脉相承，社会经济效益正在逐步释放。"顽强的生存意志和卓越的智慧""协作劳动，和谐共处"与我国大力倡导的社会主义核心价值观一脉相承，持续发挥着社会文化教育的作用。

（三）影响力评价

马岙古人类遗址有着"海上河姆渡"的美称，曾一度成为我国考古、旅游专家和社会各界的关注焦点。遗址中出土的器物兼有周边遗址文化的特征，又有海岛特色，这说明舟山先民与钱江两岸的河姆渡文化、崧泽文化、良渚文化有较密切的关系。遗址中出土的陶罐上有5000年前的稻谷痕迹，经专家研究认定，是古越"稻羹文化"东渡日本的实证，对研究中国与日本的文化渊源具有重要的科学价值。马岙被证实是古代中日文化传播的中继地，马岙被誉为"海上文物之乡""中国海岛第一村"。

（四）发展力评价

"与大自然和谐相处""顽强的生存意志和卓越的智慧"与我国社会主义建设的生态发展战略、社会主义核心价值观以及实现中华民族伟大复兴中国梦的战略思想相契合，对舟山乃至浙江的文化建设具有积极意义。当前提倡的文旅融合战略，对挖掘马岙古文化遗址蕴含的丰富历史文化信息等内容提供了新契机，有较大的发展空间。

三、核心基因保存

实物保存有马岙博物馆。现有考古发掘出来的古文化遗址群包括唐家墩遗址、凉帽蓬墩遗址、五四大墩遗址、庄家墩遗址、大墩古文化遗址、大柏树墩古文化遗址等，总面积为14万平方米。

定海古城

海定波平 定海文化基因

定海古城

唐开元二十六年（738），舟山始设县，名"翁山"。县治移建于镇鳌山下，建城墙周广五里。千余年来，定海作为舟山政治、经济、文化、军事中心的地位由此奠定。

宋熙宁六年（1073），置昌国县，城墙增至九里。明永乐十五年（1417），加修城墙周围七里，西北跨镇鳌山，东抱霞山（鳌山），昌国城墙至此围成一圈，可以在"清康熙时期定海县城图"中看得很明显。

清康熙二十七年（1688），"海禁"结束，置定海县，二十九年二月重修定海城墙。形成一道土城，民间称该地为"土城墩"。

同治十年（1884）定海最后一次修城墙。20世纪四五十年代看到的定海城墙，就是那时候遗留下来的，城外的濠河与城门口的四座桥东美桥、南珍桥、西安桥、北宝桥依然完好。为"省级历史文化名城"。

一、要素分解

（一）物质要素

1. 海上丝路古城

自有宋一代，随着海上丝绸之路的兴旺，东海航线不断发展，舟山群岛和定海古城即成为重要的丝绸之路节点。元明时期，已经成为海上丝绸之路的中转地，至清代中期，朝廷在城中设立海关，东印度公司设立代表处。大量沿江而下的丝绸、茶叶、瓷器等大宗商品，由此越洋而行。

2. 海上诗路古城

定海古城为"浙东唐诗之路"的海上启航地。海上丝绸之路是古人由大陆走向海洋的触角与见证，是海上诗路文化的重要代表。在诸多描写渡海的诗篇中，见到的是探索海洋的精神和勇气。这是"浙东唐诗之路"的新开端，也是传统文化的大发展。同时带动了日本、韩国汉诗文化的大发展。

3. 海上商业古城

定海商人立足于海洋贸易，商业氛围浓郁。定海古城内现存的大屋大多是清代和民国时期建筑。定海人相当聪明，一批商人到上海和汉口经商后，大多发迹致富，荣归故里后造楼起屋，光耀祖宗。民国年间编的《定海县志》载："今述旅外侨商，侨商以上海、汉口二处为最多，当不下二万人""薪资既丰，获利亦厚,故常有赤手起家有至数百数十万金者"。当年的杰出商人朱葆山、董浩云、刘鸿生等人均为"宁波帮"商人领袖。

4. 海上海防古城

定海古城一直有着"江浙之门户,四明之藩篱"之称,历史上作为军事要塞的特殊地理位置也使其自古就成了兵家必争之地,自宋元以来,就有大量的海防设施建设,除著名的鸦片战争定海保卫战外,还有抗倭等一批重要的历史文化遗存。

5. 雄伟的定海古城墙

定海古城的城墙由东、南、西、北四面构成,南起今解放路,分别从现环城东路和环城西路向北折,延伸到滕坑湾路和环城北路,相互衔接,形成一个封闭的城池。城墙全长约4000米,其中以东城墙最长(约1300米),北城墙最短(约700米),城市的重心略呈南重北轻。城墙、濠河和镇鳌山构成定海古城三面环水、西北倚山的梯形城市外观。

古城街巷则以东、南、西、北、中五条大街为主架,以状元桥为中心,东、西、南、北、中五条大街呈放射状贯穿城区,其余街巷既是五条主架的分支,却也通过相互的贯通,将五条大街连通在一起。街路宽4.5—5米,上铺石条路面,大街两侧是砖木结构的二层楼,商铺林立,市面繁荣,前店后院,楼上住人。

古定海城,河网密集,河道是城市的运输干线。大街里弄与河相连,民居大宅沿河而筑,前街后河,埠头密集,河边的文昌阁、文笔塔、学宫和砚池等则赋予城市以灵魂和精髓。

古定海城功能分区清晰:行政区在城中,以县衙为核心,西为武备、东为学政、南是宗教。商业区侧重于南片,居住区侧重于北片。

民国年间,成功的商人和名门望族在城中和城郊建起了许多深宅大院,占据了城区民房总面积的10%以上。豪宅大院,成为岛城建筑的一大特色。

（二）制度要素

定海城无论老城的位置，还是今天扩展后的城区，都符合风水基本原则。历史上定海城几经废除，又几经重建，都是在原址上进行，究其原因无非是"负阴抱阳，背山面水"的风水基本原则所决定。根据史书记载：唐朝建县城的原地址迁在叉河，因叉河土轻，而移至镇鳌山下。风水中有关土质的原则是：以"土细而不松，油润而不燥，鲜明而不暗"为佳，盖为"生气之土"。土地是否肥沃、宽广，是城市赖以生存的基础，同时，由此来判断土地的承载力，这说明定海古城选址"称土""验土"后由叉河迁移至鳌山下，自有其科学道理。

定海古城选址是按照风水格局，基址后方以镇鳌山为屏障，山势向左右延伸到青龙、白虎山，成左右环抱之势，又在负阴抱阳，依山傍水之地，由于城址由山环抱，"气"免遭风吹散。因此，定海古城是所谓的"藏风之地"，就是生气出露于地表并被藏蓄起来的"吉地"。

其具体的表现在古城背靠龙脉。如《管氏地理指蒙》所述，古城背面祖山、少祖山，山脉绵绵，虽然舟山海岛与大陆因大海隔绝缺少与大陆的连贯之势，但从卫星地形图上仍可见，定海古城与舟山本岛的山脉连贯仍是气势庞大，延绵而来的山脉富有生气。

风水穴位于主峰镇鳌山的山脚下，周围有青龙、白虎、朱雀和玄武四神砂。定海古城呈现出中轴对称的景观：主山（镇鳌山）—基址（古城）—案山（关山）—朝山（五奎山）。定海古城的北面紧靠镇鳌山；基址之右有白虎山，逶迤到海口的竹山；基址之左青龙首有长岗山延绵到海口的青垒山，遥遥相抱；"近而小者，案山也，远而高者，朝山也"，南面关山，为定海的案山，码头外面的五奎山为朝山。案山、朝山为基址的对景、借景，形成城市前方的远景，两重山峦还丰富了风景的层次感和深度感。老城白虎首镇鳌山余脉将镇鳌山一块围入城中。老城西北部和北部高大雄伟的山脉为城市北部设立了层次深远的天然屏障，使来自城市北部的寒流被阻挡，为接纳南部的阳光和暖湿气流创造了条件，使定海古城冬暖夏凉。

（三）语言与象征符号

1. 中西大街

中西大街是定海最负盛名的老街。定海这座历史文化名城的成长历程，就记忆在老街的肌体里。老街并不宽，两侧是层层叠叠的老房子，依次排列着一家家百年老店。

2. 明清历史街区

定海的西大街、中大街是晚清商业街市，街宽4—5米，在当时来讲算得上是真正的商业大街。建有上下二层、木制结构的封火墙，二层的檐廊是当年俯瞰街市繁华景色的最佳场所。

3. 祖印寺

祖印寺位于定海昌国路，号称"翁洲第一古禅林"，占地面积近万平方米，始建于后晋天福五年，后来几经修葺形成了舟山本岛上最大的佛寺。

4. 晚清深宅大院

定海留方弄、书院弄、柴水弄、东管庙弄、西大街、昌国路一带，分布着蓝理故居、董浩云故居、刘鸿生故居等许多造型奇特的故居宅室，这里的斗拱、大门、厅堂、门窗、藻井都独具特色。

二、文化元素核心基因提取与评价

"海上古城"是定海古城文化基因的独特表现，海上丝路古城、海上诗路古城、海上商业古城和海上海防古城是定海古城的文化记忆和文化符号。

定海古城文化基因评价依据

评价项目	评价因子	评价依据（特点）	是否
生命力评价	文化基因存续的时间	自出现起延续至今，未曾明显中断	√
		自出现起延续至今，但多次衰微、中断后复兴	
		曾明显衰败，改革开放后开始复兴或历史溯源关键环节缺失，难以考证	
		文化形态主体已灭失，现存部分痕迹	
	文化基因的稳定性	在发展过程中保持相当稳定的状态	√
		在发展过程中存在明显的精神内涵、表现形式剧变	
凝聚力评价	文化基因的凝聚力及社会动员效果	曾广泛凝聚起区域群体的力量，显著推动过社会经济文化的发展	√
		曾部分凝聚起区域群体力量，对社会经济文化的发展产生过影响	
		凝聚过力量，创造过实际的发展动能，但未见对社会经济文化发展产生显著改变	
		仅在历史文献或口耳相传中存在，未见实际介入社会经济发展	

续表

评价项目	评价因子	评价依据（特点）	是否
影响力评价	辐射的范围	具有全国性、世界性的影响力	√
		具有长三角区域、浙江省影响力	
		具有市县、乡镇影响力	
	提炼的高度	已经被古代文人士大夫和当代学者提炼为精神符号和理念理论	√
		单纯的样式、造型、工艺技术规范	
发展力评价	与当代精神追求和价值观念的契合	传统文化基因得到创造性转化、创新性发展；区域革命文化基因被完整继承、广泛弘扬；区域社会主义先进文化基因成为与浙江"三个地"相适应的文化高地	√
		部分转化、部分弘扬、部分发展	
		难以转化、难以弘扬、难以发展	

说明：基因特点评价是对解码出来的基因，根据本《导则》表 2 的要求，围绕"四个力"逐一对表打"√"，进行定性表述

（一）生命力评价

定海古城自唐开元年间建城以来，历经千年。历史和时间的文化沉淀使得定海古城充满着鲜活的生命，时代的变迁和发展使得定海古城时时常新。在中国走向海洋时代过程中，定海古城的历史浓缩了历史的进程。"钱塘江上弄潮儿，手举红旗旗不湿"，进入新时代，定海又成为舟山群岛新区的发展核心，生命力十分旺盛。

（二）凝聚力评价

海上丝路古城、海上诗路古城、海上商业古城和海上海防古城的整体状态存在，包含着大量的文化内容。定海古城在历史长河中始终处于发展前沿、始终与中国历史的进程息息相

关，定海古城沉淀的历史、文化、故事、人物也始终与中国发展和海洋命运共同体建设休戚相关。

（三）影响力评价

定海古城在中国海洋史上影响巨大，历史上几乎所有的中国海洋大事都与定海古城有着一定的相关性，可以这样认为，定海古城从"边缘"走向"前沿"的过程，正是中国社会从农耕走向海洋的缩影。在国内国际都有着十分重要的影响力。

（四）发展力评价

"二十一世纪海上丝绸之路"建设和"海洋强国"建设的基本国策为中国的未来发展指明了前进的方向，海洋的发展是实现民族复兴伟大中国梦的重要举措。定海古城在新的历史时期有着无限发展的空间。

三、核心基因保存

林上军：《定海古城文物保护现状及问题破解对策》，《浙江国际海运职业技术学院学报》2016 年第 2 期。

《舟山·定海古城》，浙江在线，2018 年 9 月。

《记住乡愁》第六季第十集《定海古城——向海而生》2020 年 1 月。

孙和军：《定海古城的水系》，文史小札。

王文洪：《定海古城的人文价值》，《舟山市委党校学报》2017 年第 2 期。

定马古道

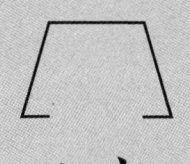

海定波平 定海文化基因

定马古道

定马古道位于舟山市定海区马岙镇平石岭北侧山坡上，蜿蜒于舟山本岛中部山脉之间，从定海北门到马岙三江口，全长14千米，始建于唐代，是古代定海县城通往宁波、岱山、嵊泗的必由之路，也是官方送达文书，民间经商、交流的唯一通道。

据传唐开元年间设翁山县时即开辟此驿道。现存之碎石铺砌的驿道建成于清代，并在沿路设有多处驿亭，如长春岭上的止善亭与三江码头边的临江亭等，其中止善亭中立有一块石碑，上面镌刻着光绪十九年（1893）重修止善亭的碑记。止善亭的两侧残留有长约百米的石墙，高约2米，巨石砌基，墙的外侧挖有壕沟，据说是当年先民为抗击倭寇时修筑以作防御之用的。

2009年文物普查过程中共发现三段，皆长约百余米，分布在平石岭北侧山坡上，大致南北走向，中间顺山势略有弯曲，南端据了解还有数段，一直通到长春岭上马岙与盐仓交界的止善亭。驿道平均宽度在1.50米左右，占地面积约550平方米。路面两侧以小石块镶边围成等距的边框，框架内铺以细密的小卵石，已经被磨砺得十分光滑，驿道沿山坡走向顺势延伸。现如今，古道被驴友们重新唤醒，成为他们徒步旅行的首选之地，沿途可欣赏五彩缤纷的田园风光、淳朴厚重的古村文化、诗情画意的山水风光、雄伟壮丽的海岛风情。

一、要素分解

（一）物质要素

1. 举足轻重的交通要道

定马古道从马岙镇一直向南延伸，历史上曾是马岙到定海的必经之路，翻越三座山岭方能到达定海城北，密密麻麻的鹅卵碎石铺砌，当时这是一条热闹、充满人气的驿道，多少人马穿梭，川流不息，传递文书，贩卖货物，赶考求学，无所不有。

2. 先民开发舟山本岛的实证

定海"马岙文化"遗址的考古发现证实，海岛先民自5000年前就来到这片海岛，在本岛北部的平原上耕海牧渔。随着时代的发展和人口的增加，先民们翻越了中部山脉，发现了更为宽阔、更多阳光、条件更为优越的南部平原，唐开元年间建县城于山南。于是打开了古代定海的发展格局和发展水平，定马古道的历代修整就成为开发舟山本岛的有力见证。

（二）精神要素

勇于开拓、排除万难的精神。

先民们从山北到山南的扩展和发现，贯通山南山北古道的修建，充分体现了古代定海人对于海岛的认知，呈现了古代定海人对于海岛开放与发展的思想，也表达了古代定海人对于道路建设推进经济和民生发展的智慧和勇于开拓、排除万难的精神。定马古道的体验和研究对于研究舟山的交通与开发有重要价值。

二、文化元素核心基因提取与评价

定马古道作为一个历史文化的存在,具有十分重要的价值。围绕定马古道的历史和现在、定马古道的文化和自然景观以及定马古道的当代利用,通过文旅融合,实现基因的转化利用。

定马古道文化基因评价依据

评价项目	评价因子	评价依据(特点)	是否
生命力评价	文化基因存续的时间	自出现起延续至今,未曾明显中断	√
		自出现起延续至今,但多次衰微、中断后复兴	
		曾明显衰败,改革开放后开始复兴或历史溯源关键环节缺失,难以考证	
		文化形态主体已灭失,现存部分痕迹	
	文化基因的稳定性	在发展过程中保持相当稳定的状态	√
		在发展过程中存在明显的精神内涵、表现形式剧变	
凝聚力评价	文化基因的凝聚力及社会动员效果	曾广泛凝聚起区域群体的力量,显著推动过社会经济文化的发展	√
		曾部分凝聚起区域群体力量,对社会经济文化的发展产生过影响	
		凝聚过力量,创造过实际的发展动能,但未见对社会经济文化发展产生显著改变	√
		仅在历史文献或口耳相传中存在,未见实际介入社会经济发展	

续表

评价项目	评价因子	评价依据（特点）	是否
影响力评价	辐射的范围	具有全国性、世界性的影响力	
		具有长三角区域、浙江省影响力	
		具有市县、乡镇影响力	√
	提炼的高度	已经被古代文人士大夫和当代学者提炼为精神符号和理念理论	√
		单纯的样式、造型、工艺技术规范	
发展力评价	与当代精神追求和价值观念的契合	传统文化基因得到创造性转化、创新性发展；区域革命文化基因被完整继承、广泛弘扬；区域社会主义先进文化基因成为与浙江"三个地"相适应的文化高地	√
		部分转化、部分弘扬、部分发展	
		难以转化、难以弘扬、难以发展	
说明：基因特点评价是对解码出来的基因，根据本《导则》表2的要求，围绕"四个力"逐一对表打"√"，进行定性表述				

（一）生命力评价

定马古道已有近千年的历史，至今依然青春依然。当年的交通要道、驿站烽火，已经成为五彩缤纷的田园景致、淳朴厚重的古村文化、诗情画意的山水风光、雄伟壮丽的海岛风情。深厚的历史感、丰富的文化感呼之欲出，洒满古道，具有旺盛的生命力。

（二）凝聚力评价

往事越千年。当时这是一条热闹、充满人气的驿道，多少人马穿梭，川流不息，传递文书，贩卖货物，赶考求学，无所不有。定马古道事实上已经成为一条文化之道、历史之道、故事之道。成为定海古代文化的一个符号、一个表征。

（三）影响力评价

定海的历史在大多数时间中，与定马古道联系在一起。大量的岛外来客，无论是公务商客，还是投亲访友，定马古道是一个不可不行走的一段历程。渐渐地，定马古道也就成为定海的一个代名词。

（四）发展力评价

定马古道是舟山本岛第一条贯通中部山脉的地理通道，对于舟山本岛的发展、开发和利用有着十分重要的价值。在新时代，舟山群岛新区定位的南生活北生产的重大格局从此上升，大量贯通中部山脉的通道因此出现。定马古道作为历史文化的存在功不可没，值得借鉴。

定海古街

海定波平 定海文化基因

定海古街

古街是定海悠久历史的体现。除了定海古城的核心构成东、中、西大街几条古街之外，定海还有三大古街，即岑港的司前街、干览的龙潭街和白泉的十字街。

1. 岑港司前街

在岑港镇政府驻地有一条老街，叫"司前街"。因古代曾在此设有巡检司而得名。街长500米、宽3米左右，呈南北走向。

巡检，官名，始于宋代，主要设于关隘要地，或兼管数州数县，或管一州一县，以武臣为之，属州县指挥。元代设巡检司于卑港，限辖昌国之境。明清州县均有巡检，多设司于距城稍远之处。舟山地处海岛，巡检以防海盗为主，亦有兼盐监的，归水军指挥。

岑港"以两锲夹山，故名岑；以海尾冲入，故名港"，是古代的避风良港，元代时，南北舟航鳞集，有"六国港口"之称。海道险要，是舟山岛西部的重要关隘。绍兴五年（1135），昌国（今舟山）三姑都置巡检寨，配士军638人，下设寄港、沥港两个子寨。

元至元十三年（1276）十月，元军攻占舟山。元世祖忽必烈在灭南宋的同时，发动了对外战争，把岑港作为造海船、习海战的水兵基地。成宗即位以后，停止对外战争，岑港成了元朝同高丽、日本、安南、占城、缅甸、爪哇六国通航的港口。大德二年（1298），岑港设巡检司，主要是防海盗在海上抢劫来往商船。当时岑港已形成一街，因其位于巡检司前，故名司前街。

明洪武十九年（1386），朝廷以"悬居海岛，易生寇盗"为由，强迁舟山46岛居民去内陆。之后，有的岛屿成了倭寇和海盗的巢穴。洪武二十六年（1393），岑港复设巡检司，配弓手100人，主要是防倭寇和海盗。清顺治六年（1649），明鲁王朱以海监国的南明小朝廷移驻舟山。明清两军为争夺舟山，打了10多年"拉锯战"。顺治八年，清军攻占舟山，在岑港复设巡检司，后因战争而消失。康熙二十七年（1688）建定海县以后，岑港的巡检司不复存在。因此，现在的司前街是元明时期的名称，清代的建筑。

老街至今还保留着清末民初商铺的轮廓，建筑结构多为两层楼，单檐硬山式青瓦顶，下层商铺用石板作墙裙，可拆卸的木铺板纵向排列。

2. 干览镇龙潭街

龙潭街历来是干览镇的政治、经济、文化中心。龙潭街起源于何时尚待考证，但从文献记载来看，早在一千多年前的宋代，龙潭街附近已经形成了聚落和渡口。龙潭街的形成和商贸和渔业兴盛紧密相关。形成了定海境内有名的龙潭街闹市，龙潭街也是伴随着三大洋渔业的繁荣而市兴业旺的，这里水产品花色多、鲜度好，素有"要吃鲜鱼活虾蟹，请到干览龙潭街"的美誉。

3. 白泉十字路古街

定海白泉十字街坐落在北沿白泉岭下，西至义火祠毛蓬庵虞家老殿，直上前岙村，南沿万金湖庙积善庵、南山下苦竹岭墩，东与田中央、田舍王、王协成相接壤。原街东侧黄家桥旁有一宫殿，曰荷叶圣地崇圣宫，为东乡六大庄民议会、祭祀、列队、盘龙阵赛白会之处。街西侧前岙溪流至虞家倒盘水，汇合新桥头，街四周有支流数条。溪旁古树参天，花树倒映，溪流终年水声潺潺，有"水中闹市"之称，故称"白泉"。街分上街、中街、下街。上街从积善庵起，伸展至翁家桥。老街保留着典型的江南传统集市形式，古朴典雅。

一、要素分解

（一）物质要素

得天独厚的自然地理环境和特定的区域优势。

古街依托得天独厚的自然地理环境和特定的区域优势，为乡民利用海洋、商贸文化创造了地方特色民俗风情。他们在长期生产生活中积累了丰富的经验，研制了众多海鲜、农产品和畜牧产品加工方法。调味品如"鳗鱼加工""呛蟹加工""糟鱼醉鱼""大鱼胶""三矾海蜇头""泥螺"，农产品有"臭冬瓜""烂茄糊"，畜牧产品有"糟火鸡""糟鸭"，其他又如"金鸡马蹄蟹""乍鱼叶米饭""羊肉粥""火缸煨粥""玫瑰加工""油瓣加工""杨梅烧酒"等。不但丰富了口味，还对研究探索利用地方资源，沟通国际商源积累了宝贵的文化资料。据《中国实业志》浙江卷载，民国二十二年（1933）9月，定海出口盐、鱼、蛋、火鸡等商品百万元，白泉出口的盐、鱼、干鱼货占一定数量。皋泄商人叶世理与定海、宁波旅沪同乡会联运火鸡三万羽，大部分火鸡是经白泉十字街火鸡收购点转运老碶头埠，经上海十六铺转运欧美，供外国人圣诞节食用。

（二）精神要素

勇于开拓，敢为人先的精神。

定海自唐开元建县以来，随着人口的集聚、经济的发展，海岛开始了新的发展，进入了海岛开发的重要时期。三大古街均依托于"定马古道"，属于"定马古道"的辐射和延伸，人口的集中，三大古街的出现体现了舟山人民勇于开拓、敢为人先的精神。

（三）制度要素

1. 典型的江南集市形式

定海"三大古街"基本形成于宋元时期，而繁盛于明清，到清末民国初年达到顶峰。从现在的古街遗址而言，明显保留着典型的江南传统集市形式，古朴典雅。

2. 依托产业发展集市

集市的产生，显然是既需要人口集聚，又需要核心产业的支撑。定海地处海岛，靠海吃海。随着海洋经济尤其是海洋渔业的发展，渔业产业成为海岛产业的主力，于是形成了以渔业产业为主、农业产业为补充的高质量集市发展，促成了"三大古街"的繁盛。

二、文化元素核心基因提取与评价

定海"三大古街"历史悠久，历久弥新，沉淀着大量的文化元素，其历史发展见证了定海海岛开发与发展的历史。通过文旅融合，深入提取核心基因，有着十分重要的意义和价值。

定海古街文化基因评价依据

评价项目	评价因子	评价依据（特点）	是否
生命力评价	文化基因存续的时间	自出现起延续至今，未曾明显中断	√
		自出现起延续至今，但多次衰微、中断后复兴	
		曾明显衰败，改革开放后开始复兴或历史溯源关键环节缺失，难以考证	
		文化形态主体已灭失，现存部分痕迹	
	文化基因的稳定性	在发展过程中保持相当稳定的状态	√
		在发展过程中存在明显的精神内涵、表现形式剧变	
凝聚力评价	文化基因的凝聚力及社会动员效果	曾广泛凝聚起区域群体的力量，显著推动过社会经济文化的发展	√
		曾部分凝聚起区域群体力量，对社会经济文化的发展产生过影响	
		凝聚过力量，创造过实际的发展动能，但未见对社会经济文化发展产生显著改变	
		仅在历史文献或口耳相传中存在，未见实际介入社会经济发展	

续表

评价项目	评价因子	评价依据（特点）	是否
影响力评价	辐射的范围	具有全国性、世界性的影响力	√
		具有长三角区域、浙江省影响力	
		具有市县、乡镇影响力	
	提炼的高度	已经被古代文人士大夫和当代学者提炼为精神符号和理念理论	√
		单纯的样式、造型、工艺技术规范	
发展力评价	与当代精神追求和价值观念的契合	传统文化基因得到创造性转化、创新性发展；区域革命文化基因被完整继承、广泛弘扬；区域社会主义先进文化基因成为与浙江"三个地"相适应的文化高地	
		部分转化、部分弘扬、部分发展	√
		难以转化、难以弘扬、难以发展	

说明：基因特点评价是对解码出来的基因，根据本《导则》表2的要求，围绕"四个力"逐一对表打"√"，进行定性表述

（一）生命力评价

"定海三大古街"历史悠久，沉淀着大量的文化元素，三大古街的历史发展见证了定海海岛开发与发展的历史，同样也见证了海岛居民的生命和生活。至今历久弥新，生命力依然。

（二）凝聚力评价

"三大古街"既是集市也是人口的一种集聚方式，同样还是海岛人民的生活和生命方式的显现。古街的历史，凝聚了人民的全部生活，成为文化的全部构成，具有极强的凝聚力。

（三）影响力评价

"三大古街"在海岛当地有着极其重要的影响，吸引了大

量的海岛人群，在历史上起到过重要作用。成为当地居民的一个大的活动空间，也成为了海岛民俗庙会的场所。

（四）发展力评价

三大古街历经历史的风风雨雨，至今依然保留着基本的格局和框架，大量的遗迹和文化符号历历在目。从发展的眼光而言，三大古街同样有着发展力。充分利用文旅融合，可以构成新的发展。

三、核心基因保存

实物保存在岑港的司前街、干览的龙潭街和白泉的十字街，文字材料有宋宝庆《昌国县志》等。

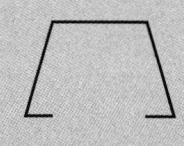

祖印寺

海定波平　定海文化基因

祖印寺

据志书记载，祖印寺原址在衢山岛，旧名"蓬莱院"，创建于后晋天福五年（940），迄今已有千年历史。宋治平年间赐今额，改名"祖印"。嘉熙年间，邑令余桂迁寺至今址，与原普陀山接待寺合并。元至元年间，高僧一山一宁开法祖印，继有密庵禅师住持该寺，弘扬禅宗佛法，声誉鹊起，香火鼎盛。祖印寺曾数毁数兴：明初废县毁寺，香火中断；宣德年间重建，正统年间又遭火焚；成化年间再重建。清初，岛民内迁，城垣尽毁，祖印寺院殿宇亦毁于兵燹，四周房舍无存，唯大雄宝殿岿然独存，时人传为神异。康熙年间定海总镇兰理募资修复；同治年间住持僧云岫禅师又募资扩建；宣统年间邑人朱葆三捐资再重修。除正山间系近年重建外，其余皆为清朝建筑。

现存山门、天王殿、大雄宝殿、后大殿、钟楼、东西厢房计有面积2300平方米，占地5000多平方米。寺中最有特色的文物和佛教艺术品，一是象征着香火日盛的镇寺之宝——祖印宝鼎，高达3.4米，重1.5吨；二是1995年从缅甸迎请来的玉观音坐像，高2.2米，重2吨多，玉质精细优良，雕刻工艺精美，形态端庄大方，现供奉于后大殿；三是大雄宝殿的建筑艺术和塑像。

祖印寺为佛教禅宗建筑，是舟山市文物保护单位，素有"翁洲第一古禅林"的雅称。自宋至民国的数百年中，该寺都是定海县的佛教中心，成为人们去普陀山参拜观世音菩萨时的必经转驻之地，故有"不到祖印寺，就等于没去普陀山"之说。

一、要素分解

（一）物质要素

1. 象征香火日盛的镇寺之宝——祖印宝鼎

高达3.4米，重1.5吨。

2. 玉观音坐像

高2.2米，重2吨多，玉质精细优良，雕刻工艺精美，形态端庄大方，现供奉于后大殿。

3. 大雄宝殿的建筑艺术和塑像

大雄宝殿有7间，高17.5米，通进深19米，通面阔29.6米，总面积达564平方米。重檐歇山顶，上檐九踩斗拱，十三架梁，明间抬梁，左右次、梢、尽穿斗结构，建筑艺术高超精致。殿内主供三世佛像。正中供奉释迦牟尼佛，左右有迦叶尊者、阿难尊者护持。东西两侧沿壁塑有十八罗汉像和五百罗汉像。

（二）精神要素

慈悲为怀、广结善缘的佛教精神

由于普陀山朝圣需要渡海而行,因此自宋代建寺以来一直作为普陀山观音道场的接待寺,接待信众、安排膳食住宿。实践大慈大悲的情怀,成为普陀朝圣的起点,佛家接待的绿洲。佛教精神体现了对众生的深切关爱,强调通过慈悲和行善来帮助他人,达到内心的平和。

(三)语言与象征符号

中日友好交流的重要见证。

元代僧人一山一宁,曾住持祖印寺多年。自幼出家天台山为僧,后居普陀山。修禅宗临济宗,精研佛典,兼通儒、道、百家,善书法。曾为江浙诸路释教总统,赐号妙慈弘济大师。元大德三年(1299),出使日本,为西京南禅寺主,居日本20年,在镰仓、京都等地传授禅宗学说,称"一山派"。对日本佛教、艺术、文学、书法发展有一定影响。去世后,受日本后宇多天皇礼敬,赠"国师"谥号。

二、文化元素核心基因提取与评价

祖印寺的文化基因，包含着慈悲为怀、广结善缘的佛教精神，也有着广传中国文化的情怀和理想，既体现了观音道场的特色，也体现了对中华民族的气节和精神的大力弘扬。可以通过展览展示的方式，在教育、体验和感悟等方面加以转化和利用。

祖印寺文化基因评价依据

评价项目	评价因子	评价依据（特点）	是否
生命力评价	文化基因存续的时间	自出现起延续至今，未曾明显中断	
		自出现起延续至今，但多次衰微、中断后复兴	√
		曾明显衰败，改革开放后开始复兴或历史溯源关键环节缺失，难以考证	
		文化形态主体已灭失，现存部分痕迹	
	文化基因的稳定性	在发展过程中保持相当稳定的状态	√
		在发展过程中存在明显的精神内涵、表现形式剧变	
凝聚力评价	文化基因的凝聚力及社会动员效果	曾广泛凝聚起区域群体的力量，显著推动过社会经济文化的发展	
		曾部分凝聚起区域群体力量，对社会经济文化的发展产生过影响	√
		凝聚过力量，创造过实际的发展动能，但未见对社会经济文化发展产生显著改变	
		仅在历史文献或口耳相传中存在，未见实际介入社会经济发展	

续表

评价项目	评价因子	评价依据（特点）	是否
影响力评价	辐射的范围	具有全国性、世界性的影响力	
		具有长三角区域、浙江省影响力	√
		具有市县、乡镇影响力	
	提炼的高度	已经被古代文人士大夫和当代学者提炼为精神符号和理念理论	√
		单纯的样式、造型、工艺技术规范	
发展力评价	与当代精神追求和价值观念的契合	传统文化基因得到创造性转化、创新性发展；区域革命文化基因被完整继承、广泛弘扬；区域社会主义先进文化基因成为与浙江"三个地"相适应的文化高地	
		部分转化、部分弘扬、部分发展	√
		难以转化、难以弘扬、难以发展	

说明：基因特点评价是对解码出来的基因，根据本《导则》表2的要求，围绕"四个力"逐一对表打"√"，进行定性表述

（一）生命力评价

作为普陀山朝圣的起点，佛家接待的绿洲，祖印寺自宋代建寺以来就一直存在，成为普陀山观音道场的香客和信众的接待寺。延至今日，这个功能一直没有变化，同时也成为"普陀山香道"的历史见证。

（二）凝聚力评价

汉传佛教是中国传统文化的重要组成部分，儒释道三者融合的文化已经成为每一个中国人灵魂深处的文化基因。同时，通过高僧一山一宁的东渡广传中华文化，凝聚力不可小视。

（三）影响力评价

观音道场的影响力可以辐射全国。作为观音道场的接待寺自然也随之而扩大和发展，只是祖印寺偏于海岛，其影响力也就只停留在相对周边的区域。

（四）发展力评价

今天，交通方式出现了天翻地覆的变化，祖印寺的接待功能也自然大大减弱。但是作为历史的见证、文化的承载，祖印寺已经成了文化符号，而彰显着深厚的文化内涵。

三、核心基因保存

王连胜：《一山一宁与定海祖印寺》，《浙江国际海运学院学报》2014年第3期。

《翁洲第一古禅林——祖印寺》，《昌国古韵》。

两黄文化

海定波平　定海文化基因

两黄文化

舟山定海紫微庄墩头黄氏家族，滨海力学，穷经葃史，四代中有十三人以儒为业，是一个世居浙东海岛的耕读之家。该家族几乎完全依赖家族学术的主轴传动，使这个孤悬海上的家族声望在浙东乃至江南地区得以延续、提升与广布，并融入近代学术洪流，且占有重要的一席之地，最终成为近代社会一个知名的儒学家族。黄式三、黄以周父子，则是该海岛家族的杰出代表。

一、要素分解

（一）物质要素

1. 封闭的海岛地形环境

定海悬居海外，处于一个较为封闭的海岛地形环境当中，受地理和交通条件限制，自宋明以来，海岛儒学虽有一定的发展，但一直都处于边缘地带。

2. 艰苦的生存环境

晚清时期名闻遐迩的两位著名经学家黄式三以及黄以周父子，他们出生于定海紫微庄墩头黄村的一户寻常人家。在定海紫微家居期间，黄式三在家乡一边教书，一边读书，一边著书。由于教书收入有限，生活一直较为清贫，他在这种艰苦的生存条件下完成了代表作《论语后案》。黄式三在与兄弟分家时，曾写过《晚做居记》，记录了其读书写作的环境："有读书之室三间，卑小而朽。"

3. 言传身教的生活环境

黄式三的父亲黄兴悟在家塾中倡导以"易""经""诗"为主要教学内容，让子侄成为饱学之士。在父亲的严厉管教下，黄式三从8岁发蒙，走上了"事亲孝、求功名"之路。黄式三的一生主要生活在定海和镇海，他的弟子多为本家子侄、乡亲邻里，其弟子的活动场域也多不出其生活空间，黄式三对他们的影响多在言传身教。黄以周14岁时随父亲寓居柴桥，受父亲影响，黄以周也以明经传道为宗旨，读书著书。黄以周也用行动诠释了父慈子孝的儒家教义，并继承其父的学风，追孔门之博文约礼，毕生从事礼学研究，主张以礼指导文章，充实义理。

4. 宏富的著述

黄式三、黄以周父子是晚清至近代中国的两位学术名家，他们一生笔耕不辍，著述颇丰。父子俩著作等身，现在藏于国家图书馆、天一阁等地的刊印本和手稿尚有38种，500余万字。这些著作在经学、史学和子学领域皆有创造性成果，其中经学中的礼学，集两千年来礼学研究之大成，尤为清末民初的国学大师如章太炎、梁启超等所推崇与钦佩。《清史稿》称赞他们"博综群经"，"博文约礼，实事求是，道高而不立门户"。他们的成就使舟山人走进了中国的学术史。我们可以说，在近代灿烂的学术谱系中，有一页属于定海黄氏。

（二）精神要素

1. 贤明端正、孝友敦睦的家风

深受儒学浸染的黄式三，在其壮年，放弃功名，悉心侍奉老父，展现了一位儒学之士对儒家孝道的担当。乡里宗族并没有因为黄式三放弃功名之路而有责言，反而称赞他的孝道。直至父亲过世，他才有几次外出游幕。黄以周深深钦佩父亲对孝的理解和实践，秉承家传，非礼勿动，"事父三十余年未尝离开左右"，是一位纯粹的学者儒生。

2. 实事求是的治学风范

以"两黄"为代表的儆居学派学者，都博览群书，熟悉传统文化，具备善于独立思考和勇于辩疑的文化特征，研究内容多为古代典籍。儆居学派的研究方法多为考证训诂，方法论可用一个"实"字加以概括。黄式三在《求是室记》中写道："天假我一日，即读一日之书，以求其是。"而黄以周终生座右铭则是"实事求是，莫做调人"。求实、求是既是二黄治学追求的目标，也是二黄治学方法的体现。

3. 经世致用的精神

经世致用一词由明清之际思想家王夫之、黄宗羲、顾炎武等提出。明清时期，浙东学派发达，其代表人物多为活动于浙江一带及籍贯为浙江的学者，他们思想庞杂，但都强调"经世致用",做学问必须有益于国事。舟山也深受浙东学派影响,黄式三、黄以周成为浙东学派后期重要的代表人物。他们认为学习、征引古人的文章和行事,应以治事、救世为急务,反对当时的伪理学家不切实际的空虚之学。

(三)制度要素

儒家思想是中国古代社会长期占据着统治地位的政治思想,其影响极其深远。儒家思想的核心可归纳为几个字,即仁、义、礼、智、信、恕、忠、孝、悌等。孔子说过,不学礼,无以立。"礼治"是以礼来治理国家约束百姓的一种体制或规范,它涉及国家管理和社会生活的方方面面。在古代社会,礼在维系社会稳定和发展,协调人际关系等方面,起着至关重要的作用。两黄对礼学很有研究,且自成一派。黄式三尤其擅长研究三礼(《周礼》《仪礼》《礼记》三本古代礼制的典范)。他推崇礼,认为礼可以怡情,可以淑性,可以定命。黄以周继承其父的学风,追孔门之博文约礼,毕生从事礼学研究,主张以礼指导文章,充实义理。两黄也以自己的实际行动践行着孝和礼制。

二、文化元素核心基因提取与评价

贤明端正、孝友敦睦的优良家风，决定了黄氏家族集聚、团结的生活方式；实事求是、莫作调人的治学风范和群体品格，共同成就了定海两黄文化的深厚人文积淀。

两黄文化文化基因评价依据

评价项目	评价因子	评价依据（特点）	是否
生命力评价	文化基因存续的时间	自出现起延续至今，未曾明显中断	√
		自出现起延续至今，但多次衰微、中断后复兴	
		曾明显衰败，改革开放后开始复兴或历史溯源关键环节缺失，难以考证	
		文化形态主体已灭失，现存部分痕迹	
	文化基因的稳定性	在发展过程中保持相当稳定的状态	√
		在发展过程中存在明显的精神内涵、表现形式剧变	
凝聚力评价	文化基因的凝聚力及社会动员效果	曾广泛凝聚起区域群体的力量，显著推动过社会经济文化的发展	√
		曾部分凝聚起区域群体力量，对社会经济文化的发展产生过影响	
		凝聚过力量，创造过实际的发展动能，但未见对社会经济文化发展产生显著改变	
		仅在历史文献或口耳相传中存在，未见实际介入社会经济发展	

续表

评价项目	评价因子	评价依据（特点）	是否
影响力评价	辐射的范围	具有全国性、世界性的影响力	√
		具有长三角区域、浙江省影响力	
		具有市县、乡镇影响力	
	提炼的高度	已经被古代文人士大夫和当代学者提炼为精神符号和理念理论	√
		单纯的样式、造型、工艺技术规范	
发展力评价	与当代精神追求和价值观念的契合	传统文化基因得到创造性转化、创新性发展；区域革命文化基因被完整继承、广泛弘扬；区域社会主义先进文化基因成为与浙江"三个地"相适应的文化高地	
		部分转化、部分弘扬、部分发展	√
		难以转化、难以弘扬、难以发展	

说明：基因特点评价是对解码出来的基因，根据本《导则》表2的要求，围绕"四个力"逐一对表打"√"，进行定性表述

（一）生命力评价

贤明端正、孝友敦睦的优良家风以及实事求是、莫作调人的治学风范，在新时代衍生出丰富的内涵与价值，至今仍具有较强的生命力。"礼"作为封建时代的意识形态，有其历史局限性，但其以礼整合社会、凝聚人心、传承文明、敦化风俗的文化功能，对于当今和谐社会建设仍有一定的借鉴意义。

（二）凝聚力评价

贤明端正、孝友敦睦的优良家风与我国大力倡导的社会主义核心价值观一脉相承，持续发挥着凝聚乡情、教化后人的作用。实事求是也是中国共产党的思想路线，是我们党的基本思想方法、工作方法和领导方法，是党带领人民推动中国革命、建设、改革事业不断取得胜利的重要法宝。

（三）影响力评价

二黄父子是晚清浙东学派的代表，他们继承了该学派经史并治、汉宋兼采、经世致用的研究方法，并且把浙东学派的礼学研究提升到新的高度，二黄时经学地位陡然升高。他们对浙东学术的传播，影响了民国学风和当代礼学的研究。胡适先生在《胡适口述自传》中记载：吴（稚晖）先生曾就读于"南菁书院"。当吴氏第一次拜谒该院山长名儒黄以周先生时，他看到黄先生书斋上挂着一大幅使他难忘的格言："实事求是，莫作调人！"这句格言如译成英语或白话，那就是："寻找真理，绝不含糊！"这些也都说明了我国 19 世纪一些高等学府里的治学精神。李慈铭、章太炎、刘师培、梁启超等国学大师对二黄之学术均有较高赞评，认为他们是晚清经学第一。二黄不愧为海岛诞生的学术双璧。

（四）发展力评价

贤明端正、孝友敦睦的优良家风与我国社会主义核心价值观以及实现中华民族伟大复兴中国梦的战略思想相契合，实事求是的治学风范和我党的思想路线高度一致，可以得到继承和广泛弘扬。

三、核心基因保存

实物保存有浬溪社区文化礼堂、双黄文化公园和黄氏宗祠。文字材料有《黄式三黄以周合集》，收录了清代经学大师黄式三黄以周父子的全部著作，包括《论语后案》《诗丛说》《诗序通说》《春秋释》《儆居集经说》《史说》《书启蒙》及《黄氏塾课》等共110卷，以及《礼书通故》100卷，《子思子辑解》7卷、《军礼司马法》2卷、《经训比义》3卷及《儆季杂著》等。

柳永煮海

海定波平　定海文化基因

海煮永柳

古代定海是名副其实的东海"盐都"。唐宝应、永泰年间（762—766）盐铁使刘晏设富都监，为史载舟山盐政机构之始。宋熙宁六年（1073），析监为三：曰正监、曰东江、曰芦花。又有三子场：晓峰则隶正监，甬东则隶东江，桃花则隶芦花。说明当时舟山就有6个主要的盐场。至明清以来，盐业技术不断发展，历久弥新。历经一千多年发展，定海的盐业也曾一度居全省之先。

定海盐业的历史，人们最熟悉的应该是晓峰盐场，熟悉晓峰盐场的原因，就是因为宋代大词人柳永曾任定海盐仓晓峰盐场的盐官。

宝元二年（1039），柳永任浙江定海晓峰盐监，历时三年，作《煮海歌》，对盐工的艰苦劳作予以深刻描述。柳永为政有声，被称为"名宦"。

柳永在定海三年，临别之时，还写下了《留客住》，词云："遥山万叠云散,涨海千里,潮平波浩渺。"刻于石，留衙署中。在两宋词坛上，柳永是创用词调最多的词人。在当时流传极其广泛，人称"凡有井水饮处，皆能歌柳词"。

一、要素分解

（一）物质要素

1.柳永

柳永（约987—约1053），原名三变，字景庄，后改名永，字耆卿，因排行第七，又称柳七，崇安（今福建省武夷山市）人。北宋著名词人，婉约派代表人物。柳永出身官宦世家，少时学习诗词，有功名用世之志。咸平五年（1002），柳永离开家乡，流寓杭州、苏州。大中祥符元年（1008），柳永进京参加科举，屡试不中，遂一心填词。景祐元年（1034），柳永暮年及第，历任睦州团练推官、余杭知县、晓峰盐监、泗州判官等职，以屯田员外郎致仕，故世称柳屯田，为官政绩卓著，深受百姓爱戴。柳永精通音律，善于吸取民间词的精华，所作词多描绘城市风光和歌妓生活，尤擅长抒写羁旅行役之情。其将敷陈其事的赋法移植于词，同时充分运用俚词俗语，以世俗的意象、淋漓尽致的铺叙、平淡无华的白描等独特的艺术个性进行创作，对宋词的发展产生了深远影响。柳永还是第一位对宋词进行全面革新的词人，也是两宋词坛上创用词调最多的词人。柳永的作品有《煮海歌》《乐章集》等。

2.《煮海歌》

柳永同情盐民疾苦，在定海留下了脍炙人口的《煮海歌》，深刻描绘了宋代盐民煎盐的详细过程和艰苦生活，是古代最先描写盐民生活疾苦的杰作。全文如下：

煮海之民何所营？
妇无蚕织夫无耕。
衣食之源太寥落，
牢盆煮就汝输征。
年年春夏潮盈浦，
潮退刮泥成岛屿。
风干日曝咸味加，
始灌潮波增成卤。
卤浓盐淡未得闲，
采樵深入无穷山。
豹踪虎迹不敢避，
朝阳出去夕阳还。
船载肩擎未遑歇，
投入巨灶炎炎热。
晨烧暮烁堆积高，
才得波涛变成雪。
自从潴卤至飞霜，
无非假贷充糇粮。
秤入官中得微直，
一缗往往十缗偿。
周而复始无休息，
官租未了私租逼。
驱妻逐子课工程，
虽作人形俱菜色。
煮海之民何苦辛，
安得母富子不贫？
本朝一物不失所，
愿广皇仁到海滨。
甲兵净洗征输辍，
君有余财罢盐铁。
太平相业尔惟盐，
化作夏商周时节。

诗名曰"煮海"，表现了当时的制盐方法。宋代制盐并非采用今日的"滩晒"法，也非清代嘉庆朝以后的"板晒"，而是以柴火与盐灶、锅盘烧煮，故而柳永称"煮海"。

所谓"煮海之民何所营？妇无蚕织夫无耕。衣食之源太寥落，牢盆煮就汝输征"，再现了当时的盐民们只能靠煮盐缴给官府来过日子，而制盐是极其辛苦的，"自从潴卤至飞霜，无非假贷充糇粮。秤入官中得微直，一缗往往十缗偿。周而复始无休息，官租未了私租逼。驱妻逐子课工程，虽作人形俱菜色"，这几句描绘出了盐民们要烧煮官府额定的盐斤只有叫妻子儿女都参加劳动，但他们饥寒交迫，劳累过度，均呈病态的"菜色"。

因此柳永在诗的最后代盐民发出了呼吁，期望皇上的仁慈恩惠也能遍及到海滨的盐民身上。《煮海歌》被钱锺书先生评价为"宋元两代写盐民生活最痛切的两首诗之一"。后人有诗云：盐民之苦苦如何？但有柳永来作歌。晓峰也借词人名，至今犹怀柳耆卿。

（二）精神要素
1. 关心民众的情怀

柳永少年开始作词，被誉为神童，被称为"金鹅峰下一枝笔"。成年后因写《鹤冲天》词，考中进士后被皇上黜落，只得"奉旨填词"，度过近30年的浪子岁月。51岁得以"登第"，任余杭知县、定海盐官等职，然而即使晚年为官，还是始终关注民生、关心民众，被许多地方志列为好官。柳永同情盐民疾苦，留下了脍炙人口的诗《煮海歌》，在诗中深刻描绘了宋代盐民煎盐的详细过程和艰苦生活，是古代最先描写盐民生活疾苦的杰作，体现了其宽广的关心民众的情怀。

2. 盐民艰苦的工作状态

《煮海歌》的最大特点是对于盐户痛苦生活的描写的真实性和具体性。全面具体地描绘了熬盐的整个生产劳动过程，又全面地写出了他们所受的多方面的压迫。海边的盐民从春到夏，靠借债过日子，晒盐煮盐，还有深山中豺狼虎豹所带来的生命之忧。而"一缗往往十缗偿"的私租，与常年未了的官租相结合，带给盐民的自然是无穷无尽的苦难。

二、核心基因提取与评价

柳永煮海文化元素的价值，对于传承中华文化、体验中国海洋盐业的历史、感悟中国海洋盐民的艰辛和创造有着十分重要的意义和价值。

柳永煮海文化基因评价依据

评价项目	评价因子	评价依据（特点）	是否
生命力评价	文化基因存续的时间	自出现起延续至今，未曾明显中断	√
		自出现起延续至今，但多次衰微、中断后复兴	
		曾明显衰败，改革开放后开始复兴或历史溯源关键环节缺失，难以考证	
		文化形态主体已灭失，现存部分痕迹	
	文化基因的稳定性	在发展过程中保持相当稳定的状态	√
		在发展过程中存在明显的精神内涵、表现形式剧变	
凝聚力评价	文化基因的凝聚力及社会动员效果	曾广泛凝聚起区域群体的力量，显著推动过社会经济文化的发展	
		曾部分凝聚起区域群体力量，对社会经济文化的发展产生过影响	√
		凝聚过力量，创造过实际的发展动能，但未见对社会经济文化发展产生显著改变	
		仅在历史文献或口耳相传中存在，未见实际介入社会经济发展	

续表

评价项目	评价因子	评价依据（特点）	是否
影响力评价	辐射的范围	具有全国性、世界性的影响力	√
		具有长三角区域、浙江省影响力	
		具有市县、乡镇影响力	
	提炼的高度	已经被古代文人士大夫和当代学者提炼为精神符号和理念理论	√
		单纯的样式、造型、工艺技术规范	
发展力评价	与当代精神追求和价值观念的契合	传统文化基因得到创造性转化、创新性发展；区域革命文化基因被完整继承、广泛弘扬；区域社会主义先进文化基因成为与浙江"三个地"相适应的文化高地	√
		部分转化、部分弘扬、部分发展	
		难以转化、难以弘扬、难以发展	

说明：基因特点评价是对解码出来的基因，根据本《导则》表2的要求，围绕"四个力"逐一对表打"√"，进行定性表述

（一）生命力评价

《煮海歌》全面具体地描绘了熬盐的整个生产劳动过程，又全面地写出了他们所受的多方面的压迫。这首诗是这些亭户悲惨生活的反映，是对于残酷的剥削制度的血泪控诉。诗的末尾表达了作者对这悲惨的人群的深切同情。这种思想感情真实地代表了劳动人民的愿望。《煮海歌》比起柳永的许多词的价值要高得多，以充满同情的笔为劳苦大众的痛苦呼吁，跟他那些只描写个人生活际遇的词比起来，意义和价值当然要大得多。

（二）凝聚力评价

《煮海歌》继承了《诗经》和汉魏乐府的现实主义传统，

表现前代诗人很少涉及的盐民生活，把制盐的过程写得详细真切。不是亲自去了解，不可能有如此效果。结尾的议论，与白居易新乐府的"卒章显其志"的模式相近，但在表达时更为婉曲，是从正面表达自己的愿望，符合儒家温柔敦厚的诗教传统。钱锺书先生说，该诗和王冕的《伤亭户》是宋元两代"写盐民生活最痛切的两首诗"。

（三）影响力评价

柳永在晓峰盐场写《煮海歌》。"煮海"是说把海水储存起来，熬成盐卤，然后再晒出盐来，工作是很辛苦的，所得的收入却是非常微薄的。柳永同情那里的人民。定海县的方志上记载的有宋三百年间的名宦一共只有四个人，柳永就是其中之一，这与柳永对于盐民的关怀是分不开的。所以说，柳永不是一个在政治上没有理想的人，也不是一个没有作为的人，只是由于种种的因素，造成了他落魄的一生。

（四）发展力评价

三年盐监，再次被贬。离开定海之时，他面对山海，仰望云天，怅然挥笔在他的公署的墙上题了首《留客住》：仙乡有意留词客，皇朝无情驱志士。盐仓滩头，海潮低沉叹息，定海上空，一片愁云阴翳。离开仙山，他又将去重蹈磨难。赏读他的《煮海歌》和他的词曲，寻觅他在舟山在定海的足迹，心中充满了仰慕和崇敬。柳永却还活着，活在他的凄婉的词里，在他走过的路上，也在定海的百姓心中。

三、核心基因保存

白马：《柳永传》，中国文联出版社，2014年。

李凌：《柳永和他的煮海歌》，《盐业史研究》1989年第1期。

汪国华：《柳永定海煮海歌》，《辽河》2009年第6期。

方牧：《晓峰残月说柳永》，《浙江海洋学院学报》1997年第4期。

世英：《柳永的煮海歌》，《浙江学刊》1982年第3期。

周洪福：《煮海歌中话柳永》，《浙江盐业》2012年第2期。

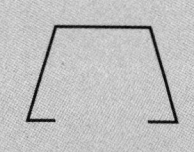

定海商帮

海定波平　定海文化基因

定海商帮

定海商帮是指定海在各地活动的工商业者，以血缘姻亲、地缘作为纽带，结成的地域性商人群体。

历史上宁波商帮以"无宁不成市"闻名遐迩，在中国近现代经济发展史上贡献卓著，影响深远。这里的"宁波"，指广义的"大宁波"，包括宁波府城及所属的鄞县、镇海、奉化、慈溪、象山（南田）、定海，其中"定海商人"是其重要的组成部分。

一、要素分解

(一)物质要素

1.艰难的生存环境

海岛居民在与大自然的生存搏斗中遇到了很多的艰难险阻,如潮汐、猛兽虫蛇的侵害以及盐碱度高的土地,自然环境险恶,生存艰难。但是他们还是克服重重自然障碍,有的利用自然条件的有利之处发展生产,积极改造自然环境;有的不畏鲸波,把握机遇,从事海上贸易,发展了当地的经济文化。

2.众多的居住建筑

目前定海保留下来不少定海商帮的商人们所建的居住建筑,如刘鸿生故居、周祥生故居、董浩云故居、乐宅花厅等。这些建筑大都保存完好,也给研究特殊时代定海商帮的民居民俗文化、商帮生活创造了有利条件。

3.善行义举的留存

定海商帮商人重乡情乡谊,在致富以后情系家乡,多有扶助乡亲、报效桑梓的善行义举,并留下了大量的相关遗存。如朱葆三先后九次运粮救济家乡灾民,还捐资修建南珍桥、状元

桥、祖印寺、成仁祠、岱山时疫医院等，他还资助修撰《定海县志》，捐资创办申义小学、定海公学等5所学校。刘鸿生创办了定海公学和定海女子中学（现舟山中学）等等。

（二）精神要素

1.理性务实的作风

海岛险恶的自然环境和艰难的生存环境，使先民们很早便意识到了如果要生存繁衍下去，就必须要踏踏实实辛勤劳作，要点点滴滴积累力量。因此，不事浮华，不好玄思遐想，重稳定实在，实干苦干，艰苦节俭，长期形成的理性务实的作风成为定海商人的文化品格。

2.刚毅坚忍的性情、富于开拓的冒险精神

定海地域文化兼有"依山""滨海"的地理环境特征，这使世居此地的人们既有依山民族刚毅坚忍的性格特点，又具傍海居民的冒险开拓精神。从定海商人的作为来看，他们对新兴事业极敏感，具有强烈的开拓进取精神，创造了许多经济生活中的"第一"。"习成而性与成也"，人的性格特征源自生存处境的磨炼砥砺。舟山由于独特的地利优势，也是较早与外商贸易、交流之所。据嘉靖《东南平倭通录》中记载，浙人通番皆自宁波定海出洋。还有，清初东南各省以专办东洋铜斤为主要业务的商人团体——洋铜商，多集中于江浙两省，是因为上海、定海、温州、乍浦向为洋商聚集之所。康熙三十四年（1695），定海设立"榷关公署"，成为东南沿海对外贸易的重要口岸之一。当时"船舶如蚁，舳舻相接，商贾云集，海船大小以万计"。光宣以来，商于外者尤众，领风气之先，亦使定海商人养成不固步自封、不墨守成规的可贵品性。民国《定海县志》言及定海商人的经营

特点时说:"邑人经商,非如他邑之人,携资立业,率皆空拳赤手,为人作嫁,赢则俱利,亏则不损于己,故多满载而归,岛民敏捷,其性然也。"元代《大德昌国州图志》记载:"舟山在州之南。有山翼如,枕海之湄,以舟之所聚,故名舟山。"舟山(定海)人谋食渔盐,捕鱼度日,"渔民击楫赴海,冲风犯浪,为百业中之最艰苦者"。他们世代出没于惊涛骇浪中,历经无数艰辛危难。"涉狂澜若通衢"的生存处境和"四面环海"的地理环境铸就了他们勇敢冒险、开拓创新、不屈不挠的精神和性情,民国《定海县志》中也记载:"冒险之性又岛民所特具,饥驱寒袭,迫而之外,航海梯山,视若户庭。"人称旅沪甬商的代表人物朱葆三(1848—1926),上海益利企业集团的创办者许廷佐(1882—1941),中国机器染织业先驱王启宇(1883—1965),在上海工商界有"多面能手"之称的厉树雄(1892—1987),还有享有"现代郑和""世界船王"美誉的董浩云(1912—1982),人称"实业大王"的刘鸿生,上海最大的出租汽车公司——祥生公司的创办者周祥生,成功制造中国第一台电扇的叶友才,上海西服业名店培罗蒙的创办者许达昌等等,他们以冒险之天性,披荆斩棘,筚路蓝缕,在各个领域作出了卓著的成就。

3. 回报桑梓,奉献社会的高尚情怀

定海商帮的商人们重乡情乡谊,同乡扶助观念特别强,能风雨同舟,共同抵御经营风险。在商业经营上取得成功后,他们"爱乡而又不恋故土",不忘反哺故土,有着情系家乡、造福桑梓、奉献社会的高尚情怀。

(三)制度要素

商亦有道,定海商帮文化主张儒意通商,以儒家文化为依据,其崇尚"义利并重"的价值观念,遵循诚实守信的商业道德。勤劳敬业、群体精神、不断进取和勇于创新等精神都体现了中国传统文化中的儒家思想。

二、文化元素核心基因提取与评价

定海商帮的诚信、务实、富有韧性、勇于开拓、敢为天下先的精神是区域社会发展的重要基石；严守信誉的商业道德，有助于匡正商业秩序，稳定市场，促进商业企业之间的良性竞争；反哺故土、造福桑梓、奉献社会，有助于提高企业家的社会责任感，有助于社会主义经济建设和精神文明建设。

定海商帮文化基因评价依据

评价项目	评价因子	评价依据（特点）	是否
生命力评价	文化基因存续的时间	自出现起延续至今，未曾明显中断	√
		自出现起延续至今，但多次衰微、中断后复兴	
		曾明显衰败，改革开放后开始复兴或历史溯源关键环节缺失，难以考证	
		文化形态主体已灭失，现存部分痕迹	
	文化基因的稳定性	在发展过程中保持相当稳定的状态	√
		在发展过程中存在明显的精神内涵、表现形式剧变	
凝聚力评价	文化基因的凝聚力及社会动员效果	曾广泛凝聚起区域群体的力量，显著推动过社会经济文化的发展	
		曾部分凝聚起区域群体力量，对社会经济文化的发展产生过影响	
		凝聚过力量，创造过实际的发展动能，但未见对社会经济文化发展产生显著改变	√
		仅在历史文献或口耳相传中存在，未见实际介入社会经济发展	

续表

评价项目	评价因子	评价依据（特点）	是否
影响力评价	辐射的范围	具有全国性、世界性的影响力	√
		具有长三角区域、浙江省影响力	
		具有市县、乡镇影响力	
	提炼的高度	已经被古代文人士大夫和当代学者提炼为精神符号和理念理论	
		单纯的样式、造型、工艺技术规范	√
发展力评价	与当代精神追求和价值观念的契合	传统文化基因得到创造性转化、创新性发展；区域革命文化基因被完整继承、广泛弘扬；区域社会主义先进文化基因成为与浙江"三个地"相适应的文化高地	
		部分转化、部分弘扬、部分发展	√
		难以转化、难以弘扬、难以发展	

说明：基因特点评价是对解码出来的基因，根据本《导则》表2的要求，围绕"四个力"逐一对表打"√"，进行定性表述

（一）生命力评价

定海商帮冒险创业，趋时求新，把握机遇，顺应时代潮流，大胆开拓活动领域，这样一种勇于开拓、敢为天下先的精神以及严守信誉的商业道德观，代代相传，自出现起延续至今，未曾中断。

（二）凝聚力评价

维护良好的社会信誉，是定海商帮的成功之道，讲求诚信是定海商帮所坚持的商道之本，这与我国大力倡导的社会主义核心价值观一脉相承，持续发挥着社会文化教育的作用。

（三）影响力评价

定海商帮是宁波商帮的重要组成部分，宁波商帮历史悠久，经济实力雄厚，是中国近代最有代表性的商帮，对中国近代社会产生了广泛而深刻的影响。进入20世纪后，具有近代经营意识和管理知识的宁波帮企业家仍然顺应时势，不断开拓创新，创造了举世瞩目的成绩。明清十大商帮只有宁波商帮完成了从传统商业到现代商业的成功转型，宁波商帮在海内外的影响很大，也涌现出了一大批影响广泛的企业家、金融家，在全世界范围内都有较高的知名度。

（四）发展力评价

"理性务实的作风"、"富有开拓冒险的精神"、诚信经商的理念及爱国爱乡"回报桑梓，奉献社会的高尚情怀"与我国社会主义核心价值观以及实现中华民族伟大复兴中国梦的战略思想相契合，对舟山乃至浙江的文化建设具有积极意义。当前提倡的文旅融合战略，对挖掘定海特色的儒商文化等内容提供了新契机，有较大的发展空间。

三、核心基因保存

实物保存有定海名人馆以及刘鸿生故居、周祥生故居、董浩云故居、乐宅花厅等。

定海名人故居

海定波平 定海文化基因

定海名人故居

定海名人资源极为丰富，他们中有官宦士绅，有忠义之士，有社会贤达，还有高僧和布衣，也保留下来了数量众多的名人故居或祖居资源，如董浩云故居、三毛祖居、刘鸿生故居等，这些名人故居祖居是具有地方特色的文化遗产，是传承历史记忆和城市文脉的重要载体，承载着历史与文化，有着很高的保护和开发价值。

一、要素分解

（一）物质要素

1. 重要的军事要塞和海防阵地

定海地处我国东部沿海的舟山群岛，是中国东海岸之中枢和海防之要冲，历来为海防要塞，兵家必争之地，自古有"海角天险"之说，军事战略地位非常重要。正是其特殊的军事战略位置，使定海成了一座英雄之城，在历史上涌现出了一批保家卫国，抛头颅、洒热血的英雄志士，他们用血肉之躯点亮了历史。

2. 众多的故居祖居载体资源

①董浩云故居。位于定海将军桥下6号的董浩云故居，为现代普通民居，坐北朝南，现有房子两间，通面阔6.4米，通进深8.5米，西间前筑一间厨房，厨房东为天井，南面设台门，建筑面积64.4平方米，占地面积110平方米。董浩云故居现为舟山市级文物保护单位。

②三毛祖居。是台湾著名女作家三毛的祖父陈宗绪先生于1921年建造的。三毛祖居的五间正房辟为三毛纪念室，以"充满传奇的一生""风靡世界的三毛作品""万水千山走遍""亲情、爱情、友情、乡情""想念你！三毛"等为主题，分别陈列三毛的遗物、各个版本的作品、各个时期的照片，以及中外

人士缅怀三毛的文章。北厢房设"三毛故乡行"录像室、茶座等。三毛祖居展室中所展出的许多珍贵展品系三毛胞弟陈杰先生从台湾邮寄而来，每件展品都洋溢着三毛浓浓的思乡情和爱国情。

③刘鸿生故居。位于浙江省舟山市定海城区聚奎弄6号，是名震中外的"煤炭大王""火柴大王"刘鸿生的故居。该房屋坐北朝南，占地555平方米，有正屋7间，左右厢房各3间。正屋后有天井和杂屋，院中有一棵合抱的沙朴树。刘鸿生故居占地555平方米，建筑面积364.63平方米，至今已有90多年历史，现为舟山市区级文物保护单位。故居由于年久失修、缺乏管理和屡受台风侵蚀等原因，墙壁多处开裂，濒临毁坏，急需修缮。舟山市侨办在征得舟山市政府同意和省侨办支持下，同刘氏后人商讨后，决定对故居进行修缮，并在修缮完成的故居内建立了舟山刘鸿生纪念馆和舟山市华侨活动中心。

④刘坤记大院。位于浙江省舟山市定海城关东管庙弄17号的市级文物保护点刘坤记大院，与51号王家大屋、36号王顺成住宅比邻而居，形成定海古城大屋颇有规模的一个组合。据《舟山建设信息港》介绍，刘坤记大院为清代建筑。大院坐西朝东，占地面积为1820平方米，建筑面积1187平方米。外门为木栅大门，进门后有照壁一道，中轴线上有台门、祖堂、后堂，两侧有左右厢房。七间正屋通面阔26米，

· 143 ·

通进深9米，七桁穿斗结构，单檐硬山顶。保存完整。

3. 丰富的作品留存

定海是一座因海而生、历经千年沉淀的文化名城，富饶海山的养料和地域文化的滋养，培育了一批不拘一格的优秀人才。古往今来，这些先贤和后起之秀们在自己的领域里，独领风骚，留下了大量的诗、词、著作和其他文学作品。

（二）精神要素

1. 英勇不屈的斗争精神

由于特殊的军事战略位置，明清以来舟山的海防作用越来越突出。舟山虽然是偏处一隅的海岛，但在历史上却不乏忠勇志士，抵御外敌入侵，保家卫国，展现出了中华民族英雄不屈的斗争精神，这种斗争精神深深地激励和影响着后人。

2. 高尚的节操

走入定海或是从定海走出的官宦士绅、社会贤达，他们大都注重自身文化修养，忠诚于信仰，有着家国情怀，拥有高尚的节操，而这些又成为定海城市性格的一部分，被后人铭记。如愿意放弃"大城市"的优越生活，选择去穷乡僻壤的唐代县令王叔通，明代刚直不阿的检察官陶垕仲等。

（三）制度要素

立德树人的理念和规制。

名人以著书立说或以帝王师、教育家的方式将他们所信仰的关于世界、关于人生、关于社会的看法传达给身边的人和后人，用伦理道德浸润着后人，他们是中国文化价值观的实践者，也即生活中的道德样板、价值样板，他们以其独特的人格影响和引领着一代世风，感染和感召着世道人心。他们的足迹和事迹对不同年龄、职业和文化层次的人群都能起到一定的教育和启示作用，具有较强的思想政治教育功能。

二、文化元素核心基因提取与评价

在抵御外敌入侵时不怕牺牲，英勇不屈的斗争精神以及忠诚于信仰，重视家国情怀和拥有高尚的节操是定海这座城市地域文化发展传承的精神根基，名人立德、立功、立言深深地激励和影响着后人，这是名人故居文化元素存续的重要因素。

名人故居文化基因评价依据

评价项目	评价因子	评价依据（特点）	是否
生命力评价	文化基因存续的时间	自出现起延续至今，未曾明显中断	√
		自出现起延续至今，但多次衰微、中断后复兴	
		曾明显衰败，改革开放后开始复兴或历史溯源关键环节缺失，难以考证	
		文化形态主体已灭失，现存部分痕迹	
	文化基因的稳定性	在发展过程中保持相当稳定的状态	√
		在发展过程中存在明显的精神内涵、表现形式剧变	
凝聚力评价	文化基因的凝聚力及社会动员效果	曾广泛凝聚起区域群体的力量，显著推动过社会经济文化的发展	
		曾部分凝聚起区域群体力量，对社会经济文化的发展产生过影响	√
		凝聚过力量，创造过实际的发展动能，但未见对社会经济文化发展产生显著改变	
		仅在历史文献或口耳相传中存在，未见实际介入社会经济发展	

续表

评价项目	评价因子	评价依据（特点）	是否
影响力评价	辐射的范围	具有全国性、世界性的影响力	√
		具有长三角区域、浙江省影响力	
		具有市县、乡镇影响力	
	提炼的高度	已经被古代文人士大夫和当代学者提炼为精神符号和理念理论	√
		单纯的样式、造型、工艺技术规范	
发展力评价	与当代精神追求和价值观念的契合	传统文化基因得到创造性转化、创新性发展；区域革命文化基因被完整继承、广泛弘扬；区域社会主义先进文化基因成为与浙江"三个地"相适应的文化高地	
		部分转化、部分弘扬、部分发展	√
		难以转化、难以弘扬、难以发展	
说明：基因特点评价是对解码出来的基因，根据本《导则》表2的要求，围绕"四个力"逐一对表打"√"，进行定性表述			

（一）生命力评价

定海历史悠久，自古以来，英才辈出，四方贤达荟萃于此，造就了一方昌盛的文化。他们中有崇理尚文的官宦士绅，有重乡土情谊的商贾大亨，有舍生取义、不怕牺牲的忠义之士，有知书达理、立志社会文化的社会贤达，还有精通佛法的高僧、爱乡爱家的布衣。这些名人的英勇不屈的斗争精神、他们爱国爱乡的情怀以及高尚的节操，都成为中华民族传统文化中宝贵的财富。他们的精神深深扎根于这座城市，他们的事迹和留存至今在当地广为人知、代代相传，仍然在感召着后人，不断助推着地方社会前行。

（二）凝聚力评价

名人作为一种传承文化的载体，具有着特殊的精神凝聚力。深入挖掘历史名人资源和价值，不断赋予时代内涵，并呈现当代表达，有助于让名人及其文化活起来，不断提高定海文化软实力、影响力和竞争力。

（三）影响力评价

名人之所以能够成为名人，其自身必定有突出的贡献和非凡的能力，学习他们先进事迹和道德品质的同时，也能被他们的精神所激励。历史名人文化具有激励作用并带动地方经济发展，具有丰富而独特的名人文化内涵的景点能够吸引很多游客，成为一个城市旅游业的标志和名片，从而带动经济的增长。

（四）发展力评价

英勇不屈的斗争精神和高尚道德情操的精神内核与我国社会主义核心价值观以及实现中华民族伟大复兴中国梦的战略思想相契合，名人资源有利于弘扬和传承优秀传统文化以及进一步增强人们的自豪感和自信心，对舟山乃至浙江的文化建设具有积极意义。

三、核心基因保存

实物保存有舟山名人馆、蓝理故居、三忠祠、三毛祖居、丁光训祖居。文字资料有《昌国县志》《三毛作品集》等。

舟山锣鼓

海定波平　定海文化基因

舟山锣鼓

舟山群岛的地理位置和独特的海岛风情孕育了异彩纷呈的海洋文化艺术，舟山锣鼓便是舟山群岛上美丽的民间艺术之花。

舟山渔场是全国著名的渔场。旧时，渔民出海捕鱼前，先要举行"海祭"，祈求风平浪静，多捕鱼鲜。在新船下水、摆渡、航海、联络等生产过程中，均靠敲击响物，以作壮胆、欢庆、讯号之用。以后逐渐发展演变，出现了"太平锣""招客锣""跳蚤会（舞）锣鼓""船形锣鼓""三番锣鼓"等锣鼓演奏形式。且舟山群岛的"庙会"甚多，参加庙会的游行队伍中便有数量不少的民间吹打乐队或锣鼓队。这些乐队的演奏和交流，推动了舟山锣鼓的发展,并在同外来民间文化艺术交流中逐渐形成了有吹、打、弹、拉组合的,富有独特风格的吹打乐——"舟山锣鼓"。

1957年,南京军区前线歌舞团在舟山地方民间音乐采风基础上,整理而成的"舟山锣鼓"在第七届世界青年联欢节上荣获民间音乐比赛金质奖章,自此"舟山锣鼓"声名远扬。一代传人高如兴根据《八仙序》等舟山民间乐曲编创锣鼓吹打乐"海上锣鼓",运用与发展了"三番锣鼓"的击打鼓点,组合"套锣"与"排鼓"进行演奏,地方特色和民族特色尤为浓郁,舟山锣鼓就此得以逐步发展、提高、成熟,形成了个性鲜明的艺术特色。

一、要素分解

（一）物质要素

1.独特的人文地理环境

舟山锣鼓亦称"行会锣鼓""三番锣鼓""码头锣鼓""海上锣鼓"。它起源于航海，最先在航船或码头以及岛屿与岛屿之间、岛屿与大陆之间往来的交通船上出现，用敲锣打鼓招徕乘客，在航行途中为乘客娱乐排遣，在航行中遭遇危难险恶时作为呼救信号。约在明末清初，舟山锣鼓从船上移到岛上并广为流传。又用于开洋（出海捕鱼）和谢洋（捕鱼归来），用锣鼓与岸上亲人共庆丰收。其后舟山锣鼓大多出现在民间乡里的红白喜事、庙会庆典及渔民祭海等活动中。

2.丰富的乐器

舟山锣鼓所用的乐器主要有打击乐器、吹奏乐器、拉弹乐器三大类。其中打击乐器主要为鼓、锣、钹三大件。鼓类除五音排鼓作为乐队的主奏乐器外，另有鼓面直径为1米的大堂鼓、18寸堂鼓、7寸堂鼓等四种。"五音排鼓"则是由五只音调高低不一、鼓面直径不等的大小堂鼓组成，按鼓的音调由高到低排列。锣钹类有十三音套锣，亦称排锣，同五音排鼓一样，均为乐队中主奏乐器。它由李月锣1面、大小才锣6面、狮锣4面、中低虎锣各1面组成，另配直径为29厘米京锣、直径为60厘米旗锣、直径40厘米大钹各1面，还有小京钹等。吹奏乐器有大中小唢呐、梆笛、曲笛、笙及海螺等。拉弹乐器有京胡、板胡、二胡、中胡、琵琶、扬琴、大小三弦、大中阮等，以五音排鼓为主奏乐器，十三音套锣次之。排鼓演奏者为乐队指挥，全体乐队随着鼓点子的变化来表达乐曲的情感和意境。舟山锣鼓特色鼓点是鼓点子有定桩跳击、定桩滚击、定桩二龙绞花快速滚击、奔泻式滚击等。

3. 丰富的曲目

在所有舟山锣鼓的曲目中，由民间产生并流传下来的占少数，而以地方音乐工作者的创作改编曲目居多。其代表曲目有：《舟山锣鼓》《海上锣鼓》《回洋乐》《欢腾的渔村》《渔民的欢乐》《海上丰收》《进军战鼓》。这7首乐曲中，虽然使舟山锣鼓名扬海外的《舟山锣鼓》也经过了南京军区前线歌舞团的创作改编，但《舟山锣鼓》是由舟山民间乐曲《大跑马》《细则》改编而来，且如今已在舟山广泛流传，因而其应当作为舟山锣鼓的代表曲目。7首传统乐曲中，流传最广的是《舟山锣鼓》《海上锣鼓》《回洋乐》。《木龙赴水》《海娃闹海》《渔家乐》虽为舟山市群艺馆音乐干部何直升创作，但都由舟山民间曲调改编而来，能在一定程度上代表舟山锣鼓，因而，这一部分创作曲目，也应该作为舟山锣鼓的代表曲目。

（二）制度要素

1. 排锣排鼓的演奏形式

所谓排锣排鼓，即以五音排鼓和十三音排锣作为舟山锣鼓的主奏乐器。这在其他锣鼓乐种中是不存在的，是舟山锣鼓的标志性特征，辨识度极高，只要排锣排鼓一敲打，熟悉舟山锣鼓的人一听便可知晓。排锣排鼓具有音色丰实、色彩对比明显、音响饱满的特点。五音排鼓，由5只音调高低不一的大小堂鼓组成，按照鼓的音调从右到左，由低到高作横式半圆形排列而成，其记谱谐音分别为"同、登、通、崩、冬"。而十三音排锣，顾名思义是由13面大小不一、音色各异的铜锣组合而成。按照音调的高低，由上而下，作竖式、长方形排列。其记谱谐音分别为"勾、令、丁、庄、内、争、胖、昌、匡、汤、倾、咣、丈"。

2. 刚柔并济的艺术风格

舟山锣鼓是以其炽热、粗犷的锣鼓演奏作为全曲的主线,以细腻、动听的丝竹细乐旋律作为辅助的曲式结构,形成了刚柔并济的艺术风格。传统的舟山锣鼓曲目在曲式结构上都属于锣鼓段循环体。即在每段锣鼓敲击后,插入一段流行于本地和江南一带的丝竹音乐、民间小调,这种乐曲大都优美动听,富有江南女性柔软妩媚的特点,与之前热烈粗犷、豪爽洒脱的男性气质的锣鼓演奏形成了强烈的对比。但在乐曲中,锣鼓打击的演奏篇幅均大于丝竹细乐所演奏的篇幅。可以说在整个乐曲中,锣鼓演奏始终处于主导地位。鉴于舟山锣鼓独特的艺术风格,舟山锣鼓现有乐曲中所表达的内容,大都是表达海洋风情或渔家人的生活,描绘的都是波澜壮阔、热情奔放、欢乐喜庆的景象。如《沸腾的渔港》《蛟龙出水》《海上锣鼓》《渔舟凯歌》等。

3. "三番"锣鼓点

"三番"锣鼓点是舟山锣鼓打击演奏的核心和精髓。"番"是段的意思。三番锣鼓,顾名思义就是三段花样不同的锣鼓段子,在每段锣鼓之间插入一段乐曲。三番锣鼓的演奏,情绪热烈高昂,豪放洒脱,音响效果铿锵有力,让人充分感受到演奏的热情和欢快。三番锣鼓以中速稍慢的第一番锣鼓开头,逐步展开、充实,经过中速的第二番锣鼓段后,就进入了以每分钟180拍左右的特快速度的第三番锣

鼓,这第三番锣鼓是舟山锣鼓核心中的核心。进入第三番锣鼓后,全曲也随之进入了高潮部分,加上全部打击乐器的强力度齐奏,令人热血沸腾,产生一种热情、粗犷的感觉。打击乐器在音色、节奏、强弱和色彩变化和谐相融,富有层次,使得舟山锣鼓响而不乱、闹而不烦,可谓是百听不厌。

(三)语言与象征符号

刚柔并济的艺术风格。

舟山锣鼓的表现极具鲜明的个性和独特的艺术魅力,她刚柔并济,动静结合,刚猛时如疾风暴雨,一如海岛台风起狂澜;轻柔时似小桥流水,可比碧海波平涵旭日。形式上以地域环境、生产作业、民风习俗为主要特征。反映海岛的地理背景使舟山锣鼓更为粗犷强烈,豪放洒脱,有雷霆万钧的气势;而反映生产过程中出海的喜悦、作业中有序和舒缓,在曲调中有如跃动的万顷光波,平静而亮丽;民俗民风中表现出的岛民淳朴热情、喜怒哀乐和对自然坚忍不屈的精神,恰似一股淳朴的天籁之声,向你细诉衷曲。

二、文化元素核心基因提取与评价

舟山锣鼓的文化基因，几乎伴随着每个海岛人的一生。不同的曲调和节奏代表了不同的文化符号，成为当地人的文化记忆，这种符号自然也代表着海岛海洋文化的精神和魅力。可以通过展览、展示的方式，在教育、体验和感悟等方面加以转化和利用。

舟山锣鼓文化基因评价依据

评价项目	评价因子	评价依据（特点）	是否
生命力评价	文化基因存续的时间	自出现起延续至今，未曾明显中断	
		自出现起延续至今，但多次衰微、中断后复兴	√
		曾明显衰败，改革开放后开始复兴或历史溯源关键环节缺失，难以考证	
		文化形态主体已灭失，现存部分痕迹	
	文化基因的稳定性	在发展过程中保持相当稳定的状态	√
		在发展过程中存在明显的精神内涵、表现形式剧变	
凝聚力评价	文化基因的凝聚力及社会动员效果	曾广泛凝聚起区域群体的力量，显著推动过社会经济文化的发展	
		曾部分凝聚起区域群体力量，对社会经济文化的发展产生过影响	√
		凝聚过力量，创造过实际的发展动能，但未见对社会经济文化发展产生显著改变	
		仅在历史文献或口耳相传中存在，未见实际介入社会经济发展	

续表

评价项目	评价因子	评价依据（特点）	是否
影响力评价	辐射的范围	具有全国性、世界性的影响力	√
		具有长三角区域、浙江省影响力	
		具有市县、乡镇影响力	
	提炼的高度	已经被古代文人士大夫和当代学者提炼为精神符号和理念理论	
		单纯的样式、造型、工艺技术规范	√
发展力评价	与当代精神追求和价值观念的契合	传统文化基因得到创造性转化、创新性发展；区域革命文化基因被完整继承、广泛弘扬；区域社会主义先进文化基因成为与浙江"三个地"相适应的文化高地	
		部分转化、部分弘扬、部分发展	√
		难以转化、难以弘扬、难以发展	

说明：基因特点评价是对解码出来的基因，根据本《导则》表2的要求，围绕"四个力"逐一对表打"√"，进行定性表述

（一）生命力评价

舟山锣鼓自明清成熟以来，一直是生机勃勃、青春焕发，在海岛的各种场景表演和展示。列入第一批国家级非物质文化遗产名录以后，通过在大专院校、中小学和相关企事业单位建设传承基地，成果卓越，各类业余的舟山锣鼓表演展示团队分别在各类展演中获得优异成绩。

（二）凝聚力评价

舟山锣鼓是舟山群岛群众喜闻乐见的民间文艺活动之一。旧时，逢年过节与迎神祈雨喜庆丰收之时，锣鼓吹打就与高跷、舞龙、舞狮、马灯、旱船及跳蚤舞等民间歌舞组合起来行街表演。海岛庙会覆盖面之广，参与和观赏人数之多，是岛上的其他艺术活动不可相比的。锣鼓吹打在舟山渔村格外风行，以此

为生的众多民间职业吹打七八个，参加庙会的游行队伍中便有数量不少的民间吹打乐队或锣鼓队。这些乐队的演奏和交流，推动了舟山锣鼓的发展，凝聚力强大。

（三）影响力评价

舟山锣鼓具有鲜明的自我教育性的特点，它雅俗共赏，满足不同民族、不同地域、不同层次的人们对文化生活的不同需求。舟山锣鼓作为民间艺术，在表演、观赏过程中，能使参与者的聪明才能得到发挥，性情得到张扬，陶冶情操，寓教于乐，有助于提高人的素质和民族精神。海岛群众对舟山锣鼓有着文化心理上的需求，在群众性活动中，少不了激昂的锣鼓声，少不了充满乡间韵味的民间乐队；同时，青少年艺术教育已蔚然成为风尚，学校成为民间艺术教育的好阵地，文化业务部门音乐干部的介入，为舟山锣鼓的普及和提高，扩大学校的知名度，很有益处，学校和家长都持普遍欢迎的态度。舟山锣鼓这一民间艺术是舟山宝贵的文化资源，在岛上有着深厚的社会传统基础，这是劳动者的艺术，与海岛群众有着特殊的感情。影响力较大。

（四）发展力评价

舟山锣鼓的排鼓与套锣的演奏形式则是它有别于其他地方锣鼓的一大特色。它以不同音色的5只大小堂鼓横排组成排鼓，13面大小不等的锣直竖起来组成套锣，各由一人演奏，既丰富了音乐色彩，又增强了观赏性，而演奏难度的增加，促进了演奏技巧的不断提高。在表演中，排鼓与套锣之间的演奏极为默契，宛如一体。当乐曲高潮来临之际，往往有一个排鼓与套锣独奏的华彩乐段，尤其是排鼓，它的单击、双单击、滚击、边击、分击、跳击等演奏技巧在这里发挥得淋漓尽致，令人叹为观止。舟山锣鼓是舟山群岛一道亮丽的文化风景线，成为海岛渔农民文化生活中不能分离的一个组成部分。继承和弘扬舟山锣鼓这一地方特色的民间文化，增强海岛的文化艺术氛围，丰富渔农民精神文化生活，是群众文化部门义不容辞的职责。多年来，舟山群众文化部门着力于基地建设，着力于队伍建设，着力于活动促进，着力于创作推动，推进舟山锣鼓的继承和弘扬，繁荣海岛民间文艺。发展力强大。

三、核心基因保存

裘旭惠、瞿明刚：《舟山锣鼓与舟山群岛—关于一种国家级非物质文化遗产的人文地理考察》，《浙江国际海运职业技术学院学报》2017年第3期。

《浙江非物质文化遗产代表作丛书·舟山锣鼓》。

《民族乐器丛刊·舟山锣鼓》。

《定海记忆·舟山锣鼓演艺技法大全》。

何直升：《舟山锣鼓》。

《舟山锣鼓论文集》。

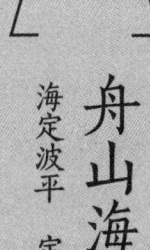

舟山海洋雕塑

海定波平　定海文化基因

舟山海洋雕塑

一、要素分解

（一）物质要素

1. 舟山贝雕

舟山传统贝雕工艺已有近百年的历史。据史料记载，1917年，定海设浙江省水产品制造模范工厂，设贝扣部，以蚌壳为原料小批量制作螺钿扣。新中国成立后，舟山是我国贝雕艺术制造基地，作品多次被国家选送给部分国家元首和政要。

2000年起，舟山贝雕的发展迎来了兴盛。舟山贝雕采用国画形式，融玉雕、石雕、浮雕等工艺形式为一体，吸收油画色彩鲜艳、格调优雅的艺术风格，品种有贝雕画、贝雕台屏、贝雕镶嵌、贝雕首饰等，主要为工艺美术品。舟山贝雕已被列入了舟山非物质文化遗产保护名录。

2. 舟山船模

清初，舟山成为全国最大的渔场之一，汇集了全国沿海各种形式的渔船，造船业也随之兴起，船模制作也应运而生。打造大船之前，先要以实船尺寸比例缩小制作小型船模，以观其外形及内部结构，测其浮力及动力性能等各种数据，为大船制造奠定基础。

以前制作船模主要作为造船的样本，如今制作船模的意义是对船文化的延续。虽然做的是模型，但所有尺寸大小完全是按真船大小比例缩小而建的，具有重要艺术和研究古船历史价值。

（二）精神要素

1. 海洋文化的集中显现

舟山船模是舟山海洋文化的一大特色，作为优秀传统手工艺品具有浓浓的海洋韵味。贝雕作品被很多收藏爱好者收藏或作为高中档礼品作馈赠之用。当年西湖国际博览会作为赠送参观者的礼物之一。据《大会纪要》记载，"受者莫不喜形于色"。

2. 海岛人集体文化记忆的呈现

船文化是舟山海洋文化的一个重要组成部分，舟山船模不仅传承古船文化的记忆，更体现古代木船的历史风貌和实船的真实性，给人以美的享受，对研究古船的发展及其造船工艺均有重要参考价值。

3. 海岛人的智慧和技艺的结晶

舟山贝雕和舟山船模造型优美、技艺精湛，作为艺术工艺品历来受到大众的追捧，甚至作为收藏品，许多船模被世界各地博物馆、陈列室等收藏。深刻地体现了舟山海岛人民的智慧。

二、文化元素核心基因提取与评价

舟山海洋雕塑的文化基因,集中显现了海洋文化的精神,完美呈现了海岛人的集体文化记忆,深刻体现了海岛人的智慧,已经成为浙江的海洋文化的重要文化符号。可以通过展览、展示的方式,在教育、体验和感悟等方面加以转化和利用。

舟山海洋雕塑文化基因评价依据

评价项目	评价因子	评价依据(特点)	是否
生命力评价	文化基因存续的时间	自出现起延续至今,未曾明显中断	
		自出现起延续至今,但多次衰微、中断后复兴	√
		曾明显衰败,改革开放后开始复兴或历史溯源关键环节缺失,难以考证	
		文化形态主体已灭失,现存部分痕迹	
	文化基因的稳定性	在发展过程中保持相当稳定的状态	√
		在发展过程中存在明显的精神内涵、表现形式剧变	
凝聚力评价	文化基因的凝聚力及社会动员效果	曾广泛凝聚起区域群体的力量,显著推动过社会经济文化的发展	
		曾部分凝聚起区域群体力量,对社会经济文化的发展产生过影响	√
		凝聚过力量,创造过实际的发展动能,但未见对社会经济文化发展产生显著改变	
		仅在历史文献或口耳相传中存在,未见实际介入社会经济发展	

续表

评价项目	评价因子	评价依据（特点）	是否
影响力评价	辐射的范围	具有全国性、世界性的影响力	√
		具有长三角区域、浙江省影响力	
		具有市县、乡镇影响力	
	提炼的高度	已经被古代文人士大夫和当代学者提炼为精神符号和理念理论	
		单纯的样式、造型、工艺技术规范	√
发展力评价	与当代精神追求和价值观念的契合	传统文化基因得到创造性转化、创新性发展；区域革命文化基因被完整继承、广泛弘扬；区域社会主义先进文化基因成为与浙江"三个地"相适应的文化高地	
		部分转化、部分弘扬、部分发展	√
		难以转化、难以弘扬、难以发展	

说明：基因特点评价是对解码出来的基因，根据本《导则》表2的要求，围绕"四个力"逐一对表打"√"，进行定性表述

（一）生命力评价

舟山海岛人民世代以海为生，船是海岛人民的生产工具，也是主要的交通工具，舟山民间的造船业很发达。随着渔业生产由滩涂捕捞向近海捕捞发展，出现了舟山渔船。在与海洋的互动过程中，造船业不断升级发展，文化元素不断沉淀，表现出很强的生命力。

（二）凝聚力评价

船文化是舟山海洋文化的一个重要组成部分，舟山船模不仅传承古船文化的记忆，更体现古代木船的历史风貌和实船的真实性，给人以美的享受，对研究古船的发展及其造船工艺均有重要参考价值，为传承传统造船工艺、建设海洋文化发挥了重要作用。

（三）影响力评价

舟山船模制作历史悠久，蕴含着传统木帆船制作的精巧技艺和海洋历史文化的深厚底蕴。舟山许多船模被世界各地博物馆、陈列室等收藏。舟山贝雕工艺盛行，贝雕作品被很多收藏爱好者收藏或作为高中档礼品作馈赠之用。在国际国内有着比较广泛的影响力。

（四）发展力评价

舟山海洋雕塑伴随着舟山海岛的历史发展，走到了新时代，无论是舟山贝雕还是舟山船模，同样穿过历史的烟云，带着文化记忆，带着海岛人民的智慧和高超的雕塑技艺走进当代。随着文旅融合的深入和文旅纪念品的开发，舟山海洋雕塑经过创新发展，发展力可期，前景可期。

三、核心基因保存

《劳苦一生传承非遗·专访舟山贝雕传承人夏雨缀》。

《略谈舟山船模及制作技艺》,《艺术论丛》2013年。

《首届舟山中国船模大赛图集》,海洋出版社2000年。

《船模的老化技术》,《模型世界》2020年第2期。

《美轮美奂的舟山贝雕文化》,《第一星球》2016年。

定海布袋木偶戏

海定波平 定海文化基因

定海布袋木偶戏

布袋木偶戏又称作布袋戏、手操傀儡戏、手袋傀儡戏、掌中戏、小笼、指花戏，主要在福建、广东与台湾等地流传。约于150多年前由宁波人朱潭山传入舟山，朱潭山被后人尊为舟山布袋木偶戏的始祖。朱潭山上演的木偶戏俗称"街戏""独脚戏""凳头戏"，在街市中上演，"演毕向观众索钱"。至20世纪40年代，舟山有20多个木偶戏班在城乡小岛流动演出。

据民国十二年编撰的《定海县志·风俗·演剧》载，傀儡戏有二种，俗皆称之曰"小戏文"。一种傀儡较巨者，谓之"下弄上"，皆邑中堕民为之。围幕作场，大敲锣鼓，由人在下挑拨机关，则木偶自舞动矣。其唱白亦皆在下之人为之。一种小者，其舞台如一方匣，以一人立于矮足几上演之，谓之"独脚戏"，亦曰"登头戏"，为之者皆外来游民。傀儡戏大者多民间许愿酬神演之，小者则多在街市演之，演毕向观众索钱。亦有以此许愿酬神者。

据《舟山民俗大观》记载，定海南门口（今人民中路）旧时是定海城里最繁华的地区。每逢农历七月十五鬼节，由南大街各商家集资在南门口搭台放焰口，举行盛大的祭祀活动。当晚，南大街自状元桥至南城门口所有商店均不打烊，店堂里摆设香案，供上糕点果品、香茶水酒。街道两边拉了两条很长的草绳，从每家店门口横贯而过。由各家负责将自己门前这段草绳挂满金、银纸箔和各种纸钱。南城门口挂上一幅布做的鬼王像，那鬼王腰束虎皮裙，手举催魂铃，青面獠牙，面目狰狞。天黑以后，各项祭祀活动全面展开，主要包括城门口打醮放焰口、各商家设香案祭祀和木偶戏演出等三部分，其中最热闹的要数木偶戏演出了。演木偶戏的场地有两处：一处在里太保庙，另一处在水门桥堍的空地上。在祭祀活动进行过程中，街上灯火通明，行人如织，锣鼓声不绝，煞是热闹。夜深祭祀结束，木偶戏演出散场，人们把街两边拉着的草绳连同上面悬挂的锡箔、纸钱收去，堆在街心焚烧。

1959年，40余名木偶艺人加入舟山地区曲艺队，由木偶世家出生的潘渭涟组建成立"东升木偶剧团"，1965年，东升木偶剧团对原有表演进改革，便使木偶戏从"唱门头"、做"愿戏"等流动演出改变在书场、礼堂等固定场地演出。岱西王嘉定先生从小喜爱观看木偶戏表演，对此深感兴趣。1978年，他牵头组建了岱西木偶戏团，自任团长，成员5人。1983年，岱西木偶戏团赴沈家门参加全市木偶戏调，获"优秀戏团"之誉，个人获演员奖。岱山布袋木偶戏于2009年被列入省级非物质文化遗产保护名录，2013年王嘉定被选为岱山布袋木偶戏的省级代表性传承人。

一、要素分解

（一）物质要素

1. 海岛交通不便，文化生活贫乏

舟山地方海岛众多，交通闭塞，道路崎岖，不利于大规模的队伍巡回演出，所以这种只需一人肩挑全副道具就可走村串寨演出的布袋戏很是适合当地特殊的地理环境。这种布袋戏，一个戏班，独自一人就可包打包演包吹包唱；一个剧团，挑担就可闪悠闪悠走村串户即停即演，几多轻巧，几多方便。在寻常渔民之家的堂前屋后、渔船舱板、小岛晒场里均可演出。布

袋戏擅长武打动作,以南北两路祁剧为唱腔,角色分生、旦、丑、净、末,表演时敲锣打鼓吹唢呐耍木偶,均一人为之。演出设施极为简便,不需专门舞台,也无须专门布景。

2. 齐备的道具

布袋木偶戏,主要道具是戏台和木偶。不管哪种形式表演,布袋戏的演出都需要有戏台,该戏台一方面作为区隔前后台以及观众与演出者之间的功能,另一方面提供演出所需要的戏剧布景。后期逐渐发展得更为复杂精致,配合木雕、花板技术以及中国传统建筑的风格来制作戏台。布袋戏偶基本结构包括身架、服饰、盔帽(头饰),身架包括了头(木制)、布身、手、实心的布腿、鞋(靴子,木制)。戏偶高度约30厘米,头连颈8—9厘米长。偶头用樟木或白木雕刻而成。至于戏偶本身穿的服装,仿照其他戏曲中的人物装束,皆由布制成。

3. 丰富的演出种类

根据出钱演戏者的原委或意愿,木偶戏可分为:

①红戏,由集体出钱,比如一个村,一个宗族。

②吉戏,结婚的男方在婚礼前夜谢神时演之。在下半夜送神烧纸钱前上演的吉戏,一般为《天官大赐福》《全家福》《卖子救母》《周文宾出考》四个折子戏。

③好日戏(俗称结婚为"好日"),即结婚男方行婚礼后上演的戏。

④开面戏,结婚女方上演的戏。因新娘在出嫁前的"绞面"又称"开面",以此名戏。

⑤满月戏,小儿出生一个月庆贺时演之。

⑥寿戏,老年人祝寿时演之。

⑦祖堂戏,宗族纪念日演之。

⑧上梁戏,造新屋上梁时演之。

就演出地点来说,定海木偶戏可分为以下几类:

①"街戏",商店为谢神,往往在街心搭戏台请戏班演出,时间多在三四月间,也有在七月半与放焰口配合演出;

②"庙戏",各庙会演戏,多择

庙神生日（或忌日）举行。

③"谢洋戏"，渔民丰收谢神或遇灾还愿之戏，多在秋季渔闲季节开演。

④"还愿戏"，民间因祈祷消灾免祸而酬神的戏，多借境内庙堂戏台演出。

⑤"唱堂会"，少数大户人家为祝寿、结婚等喜事，将戏班请进院内演出。

以上诸类，尽管演出地点、时间和定戏缘由有很大差异，但其演出的内容和形式却大同小异。

（二）精神要素

1. 包罗万象的内容，博采众长的观念

舟山独特的地理环境，形成了舟山人敢于创新，不断改革的品质。同样在定海木偶戏发展过程中，逐渐脱离内陆的风格，在吸收当地流行的民间小调、易听好懂的地方官话、苏州评弹的角色搭配的基础上，与越剧相结合，并增加调头、腔套，以满足观众的审美需求。岱西布袋木偶戏以舟山特有的"二簧"腔调为主，配合其他戏曲声腔进行唱、白，可以在一个剧目表演里，根据故事情节灵活运用，九腔十八调纷呈上场，极大地增强了木偶戏的观赏性。

2. "精工善艺"的品质

舟山人在长期的自我实现、服务发展、贡献社会的过程中，造就了舟山人"精工善艺"的品质。这种品质集中体现在舟山人立足本职、勤苦踏实的生存智慧，执着追求、精益求精的创业情怀，以及自我完善、追求完美的秉性积淀。木偶造型严谨，精雕细刻，彩绘精致，着色稳重不艳，保留唐宋的绘画风格，人物性格鲜明，夸张合理。

3. 精益求精的艺术精神

舟山人善良正直，追求积极向上的情感价值。在招收徒弟时看重徒弟品德以及学习态度。一双手想让木偶拥有灵魂，不是一朝一夕能练就的。练功时食指要练到要它动才动，不让它动就不能动。刻画人物的内心活动，

· 175 ·

更需要精益求精的好学精神。欣赏布袋戏演出三大重点，就是操偶师的把玩木偶技巧、乐团伴奏的音乐及说唱师傅的表演。布袋戏有句行话说"三分前场，七分后场"，正说明了后场是布袋戏的精髓所在。后场的说唱师傅可谓布袋的灵魂人物之一，在布袋戏的演出中，后场的说唱师傅包办了戏中所有人物的对白与念唱，也常是布袋戏戏剧中唯一的挂牌主演者。就是因为身系演出成功与否的重任，主演者必须具备有模仿男女老幼不同人物音质、不同讲话风格甚至地方口音的技巧，还必须要有深厚的文学造诣和音乐素养，且必须能做到生、旦、净、末、丑各角色五音分明，加上情绪表达的八声七情，及其余基本角色口白等。

（三）制度要素

1. 改革创新，富于新生命力

早期的定海木偶戏并不以主题的创新和人物形象的深度为追求，它要的是人物性格和故事情节的明快，语言朴素简练、幽默夸张。发展到现在，简单的故事情节和程式化的主人公形象已无法吸引观众了，于是，艺人们在原始剧情构思和人物形象塑造的基础上改编，结合新老剧本，自创、自编、自演，使定海木偶戏逐步以剧情取胜。同时，木偶艺人还善于吸收各地民间歌舞、俗曲、武术技巧，尤其通过借鉴各地木偶艺术的新成果、新特色，以丰富自己的表演手段，并创造性地发挥自身的特长，使定海木偶戏成为富有艺术生命力、经久不衰的艺术形式。

2. 古今结合，促进现代文明

现代消费新观念为定海木偶戏提供了发展平台，对木偶艺术本身也将产生深远的影响。受过现代文化熏陶的观众会从自身的角度来观赏和评价木偶艺术，对舟山的木偶艺人提出了新的要求。观众所带来的观赏性的强化和提高，使得舟山的木偶艺人能从艺术的角度悉心钻研木偶戏这一古老的民间文化艺术，让木偶戏不断创新、成熟。同时，借助群众观赏水平的提高而发展舟山的木偶艺术，乃是符合消费规律的行为，从而满足消费和刺激消费，与现代的经济理念相契合。

（四）语言与象征符号

早年的木偶戏舞台，不如现在的精致，也比较小。木偶的头也比现在小一点，上场木偶演员的数量也少。比如，朱潭山当年仅用扁担挑着木偶戏家当———舞台和木偶、道具，一共五六十斤重，加上铺盖，拢共七八十斤重。那扁担的一头是一只装置木偶与道具的木箱，另一头则是折叠起来的舞台，这可以说是以扁担横着连接木箱和舞台。

搭建舞台时，则以扁担竖着连接木箱和舞台。朱潭山把扁担竖起来，一端插于木箱，以作固定，另一端则挑起舞台。为避免扁担亦即舞台摇晃，当演员坐于凳上、舞台背面时，又用绳索将支撑着舞台的扁担缚牢于自己的胸膛前。这时，他与扁担共同维护着舞台的牢固和安稳，同时，也失去了行动的自由。演出结束时，他必须放松绳索，才能恢复自由。

上演时，伴奏的乐器有小铜鼓、钛锣、鼓板、钹，以及嘴里含着的口哨。口哨吹出的声音多是独声，恐怖且凄厉。这当然是为了渲染剧情，比如演劈山救母的《宝莲灯》时的捕蛇场景，比如其他剧本中妖魔出现的场景，朱氏都用上了口哨。

演奏时，用右脚跟敲铜锣，脚尖奏钹，俗称"闹脚锣"。钛锣和鼓板则用右手操作。如果演剧时两者都要用上，那么，右脚跟奏铜锣和钹，右手则利用木偶打斗时的顺势动作，敲一下钛锣以作点缀。

木偶戏的人物角色，与京剧、越剧相似，分生、旦、净、末、丑。生又分大老生、小生、副生等；旦分正旦、花旦、彩旦（一般饰反角）、老旦等；净即老生，分大老生、花脸老生、大面老生等，以饰演曹操、严嵩以及当朝宰相等，饰演关羽的，又称红面老生。丑，即丑角，分小丑、小花、草花等。此外，尚有马、龙、蛇、猴子、鸡、凤凰等动物木偶。

一个木偶戏班有四五十具布袋木偶。角色出场，演员以左手操纵木偶，木偶之头由食指操纵，木偶之右手由拇指操纵，木偶之左手由中指、无名指、小指共同操纵。

角色的步态动作需与后台的鼓板配合，故有"做戏晓得锣鼓经"之说。需要两个角色同时在舞台上活动，则演员的右手也要操纵一个木偶。根据剧情的需要，有时要表演特技，为走马、飞龙、闪金光、喷火、刮猛风等。

戏开始前，先演奏乐器，叫闹头场，时间约两分半钟，曲调有《节节风》《马推儿》等。"头场闹转了，整部戏能做了"，这一说法，说明闹头场的重要性。

上演的连本戏称为"大书"，演两三天的连本戏称为"小连本"，只演一场或一天一夜（两场）的称为"小书"，折子戏称为"小戏"。

小人、小马、小刀枪，真人唱、假人行，真人支配假人，但唱腔又必须符合木偶的表演和喜、怒、哀、乐的性格，让假人表现出真人的感情来。再者，"台步"要求和真人上场一样，幕后演员要具备一定的功底，达到唱、念、做、打集于一身，其精彩热闹程度令人叹为观止。侯雅飞女士用一句简洁易懂的话概括了舟山木偶表演艺术的主要特点："九腔十八调一张口，千军万马一双手。"

二、文化元素核心基因提取与评价

舟山人包容万象、博采众长的吸纳品质；"精工善艺"的传统品格；勤奋好学、不怕困苦、艰苦奋斗的精神。当下古今结合，立足于当下时代，结合本土宣扬文化情感。

布袋木偶戏文化基因评价依据

评价项目	评价因子	评价依据（特点）	是否
生命力评价	文化基因存续的时间	自出现起延续至今，未曾明显中断	√
		自出现起延续至今，但多次衰微、中断后复兴	
		曾明显衰败，改革开放后开始复兴或历史溯源关键环节缺失，难以考证	
		文化形态主体已灭失，现存部分痕迹	
	文化基因的稳定性	在发展过程中保持相当稳定的状态	√
		在发展过程中存在明显的精神内涵、表现形式剧变	
凝聚力评价	文化基因的凝聚力及社会动员效果	曾广泛凝聚起区域群体的力量，显著推动过社会经济文化的发展	√
		曾部分凝聚起区域群体力量，对社会经济文化的发展产生过影响	
		凝聚过力量，创造过实际的发展动能，但未见对社会经济文化发展产生显著改变	√
		仅在历史文献或口耳相传中存在，未见实际介入社会经济发展	

续表

评价项目	评价因子	评价依据（特点）	是否
影响力评价	辐射的范围	具有全国性、世界性的影响力	√
		具有长三角区域、浙江省影响力	
		具有市县、乡镇影响力	
	提炼的高度	已经被古代文人士大夫和当代学者提炼为精神符号和理念理论	
		单纯的样式、造型、工艺技术规范	√
发展力评价	与当代精神追求和价值观念的契合	传统文化基因得到创造性转化、创新性发展；区域革命文化基因被完整继承、广泛弘扬；区域社会主义先进文化基因成为与浙江"三个地"相适应的文化高地	
		部分转化、部分弘扬、部分发展	√
		难以转化、难以弘扬、难以发展	

说明：基因特点评价是对解码出来的基因，根据本《导则》表2的要求，围绕"四个力"逐一对表打"√"，进行定性表述

（一）生命力评价

木偶戏的门类很多，分为布袋木偶、提线木偶、杖头木偶、铁线木偶等，而至今流传于舟山民间的唯有布袋木偶一种。传统民间艺术舟山布袋木偶戏在2003年就被列入浙江省首批民间艺术资源保护名录，现已被列入市级非物质文化遗产名录。木偶表演艺人侯惠义、侯雅飞父女俩分别被评为定海首批民间名艺人，同时也是省民间艺术家协会会员，在定海紫薇中心小学成立了木偶戏传承基地。

与舟山很多其他的传统民间艺术不同，布袋木偶戏的民间根基很深，至今还受到广大农村群众的欢迎。木偶戏在舟山，俗称"小戏文"。据记载，曾经在定海城乡流行的木偶戏有两种：一种称为"下弄上"，就是杖头木偶，以木杖来操纵动作

完成表演，一种就是布袋木偶戏。布袋木偶戏也被称为"扁担戏"，因为当时艺人的全部行当是一根扁担，一头担着折叠起来的戏台（舞台），一头是个装着木偶和乐器的道具箱。"下弄上"在舟山已经失传了，而"扁担戏"因为适应舟山独特的地理环境和民风而传承了下来。

（二）凝聚力评价

在漫长的自然经济条件下，布袋木偶戏通过血缘、家庭、氏族之间的师徒关系进行传承，形成以宗族血亲为纽带的布袋木偶戏群体，实现抱团发展。面对布袋木偶戏兴衰存亡的挑战，老一辈非遗传承人寻求突破，不断创新，为非物质文化遗产注入新鲜的血液。舟山布袋木偶戏在经历消亡、崛起，又再次面对消亡，指尖摆弄的不只是木偶，跳动着的是一颗为非物质文化遗产的传承上下求索、奉献一生的初心。

（三）影响力评价

就其辐射范围而言，舟山布袋木偶戏具有全国性、世界性的影响力。就其影响形式而言，舟山布袋木偶戏已经在历史上提炼为精神符号和理念理论，具有一定的历史价值。在当下的环境，对于传播宣扬、保护继承地方优秀传统文化有重要作用。舟山布袋木偶戏曾应邀赴日本作学术文化交流演出，被誉为"舟山艺术一绝"，深受赞誉。

（四）发展力评价

近几年来，舟山市的节庆活动主要有"舟山国际沙雕节""中国舟山海鲜美食文化节""普陀观音文化节""渔民画艺术节""中国沈家门渔港民间文化节""金庸武侠文化节""岱山徐福东渡节""中国嵊泗贻贝文化节"等等。这些节庆活动一方面有利于带动舟山的经济，另一方面也激活了舟山传统民间艺术的更新与发展。如今在舟山群岛，百姓结婚喜庆（享牺、贺郎）、宗族纪念、造房上梁、渔业丰收、子女上大学、喜添子孙等，仍习惯于请木偶戏班上演木偶戏，其涉及的范围比过去更广，尤其在渔农村，这一形式特别受到海岛渔民尤其是儿童和老人的喜爱与推崇。

三、核心基因保存

就现存代表性实物而言，侯家班木偶戏团、伟庆布袋木偶戏班、岱西木偶戏团、普陀木偶剧团。

关于舟山布袋木偶戏的史料著作：《舟山市志》（浙江人民出版社1992年版）；《定海县志》[民国十二年（1923）]；陈海克《舟山海洋文化资源的现状与研究》（中国文联出版社2004年版）；王毅《中国民间艺术论》（山西教育出版社2000年版）；张坚《舟山民俗大观》（远方出版社1999年版）。

翁洲走书

海定波平　定海文化基因

翁洲走书

翁洲走书，是舟山定海的一个比较古老的曲艺品种，原名"莲花文书"，俗称"六横走书"。翁洲走书产生的确切年代虽无从考证，但从一些有关资料可知，走书说唱艺术与唐代的"变文""俗讲"及宋代的"说经"有密切的关系，在佛教圣地普陀山和浙东其他寺庙中的调查表明，海岛的说唱艺术源于僧侣们用来讲唱经卷时的一种形式，称为"宣卷"。边讲边唱以吸引信徒，敲击醒木以助声势，唱腔有领有和，所有讲唱的文字通俗易懂，大多由散文和韵文交织而成，内容均为宣扬佛教教义、因果报应和劝人为善的佛教故事。曲目有：《观音金钗》《观音济度本愿真经》等。这一切，都与翁洲走书的前身——莲花文书的说唱形式极为相似。元、明时期，此说唱形式逐渐流行于民间，所说唱的内容除讲唱佛教教义故事以外，还讲唱一些戏曲、传奇和民间故事，《中国曲艺音乐集成·浙江卷舟山分卷》中记载的翁洲走书的具体曲目有：《六月雪宝卷》《黄金引宝卷》《合同记宝卷》等。至明末清初，宝卷讲唱活动在民间得到蓬勃发展，并出现了专业的民间说唱艺人。由于艺人的加入，翁洲走书在表演和唱腔等方面都有很大的发展，逐渐成为当地群众所喜爱的曲种。当时这种说唱活动十分活跃，艺人众多。根据老艺人虞定玉的排辈推算，舟山最早演唱翁洲走书的是清嘉庆年间定海马岙乡民间艺人安阿小，当时他因为家境贫苦沿途卖唱到六横岛，看见那里生活富裕，演唱条件好，就在六横安家落户，并招收弟子，在几十年的演唱生涯中，带出了不少弟子。2005年，翁洲走书被列入浙江省民族民间艺术资源保护名录，2007年被列入第二批省级非物质文化遗产保护名录。

一、要素分解

（一）物质要素

1. 简洁实用的道具

表演翁洲走书时所用的道具很简单，即扇子、手帕、静木；唱词以舟山地方方言为基础，伴奏是三种板式节奏，即紧板、一板一眼、散板，在实际使用中多由散板开始，接着为一种板式到底的传统单一板式，很少有变化，传统程式性很强。伴奏乐器原是竹根笃鼓、笃板。后来在演唱部分新编曲目时，增加了二胡、笛子、琵琶、扬琴、中胡、大胡等乐器，伴奏者兼帮腔。

2. 丰富的曲目

翁洲走书的传统曲目早期均为短篇，其后陆续移植了弹唱、宝卷及戏曲唱本，其内容除了戏曲、传奇剧情、民间故事外，还编唱一些当代的新闻轶事。据查第三代传人沃阿来曾积累传统曲目多达100余部。50年代经过筛选、整理，至第五代传人虞定玉尚存有24部。翁洲走书艺人演唱的传统曲目有《黄金印》《金龙鞭》《麒麟豹》《玉蝴蝶》《文武香球》《白鹤图》

《六月雪》《玉连环》《合同纸》《双金钗》《双珠球》《六美图》《龙凤镇》《单兰英》《百香楼》《送花楼会》《黄蛇传》等。

（二）精神要素

1. 朴实鲜活的生活画卷

翁洲走书以当地群众鲜活生动的语言、独具地方韵律的音乐唱腔进行"说唱"表演，其叙述故事、描绘人物、介绍环境、渲染气氛、抒发感情，既通俗易懂又使人感到亲切过瘾，给听众以赏心悦目的艺术享受，故而一直以来深受广大中老年朋友的欢迎。翁洲走书是中华民族文学艺术宝库中的珍贵财富，它丰富了地域文化的内涵，为现代艺术提供了丰富的艺术传统、艺术经验和艺术形式。

2. 对美好生活的讴歌与渴望

宣传对美好生活的向往和时事，是翁洲走书着力表现的内容，甚至有学者指出"翁洲走书就是最早的新闻广播"。尽管此论断存在偏见，但也反映出二者之间的紧密联系。在消息闭塞的年代，由于地处海岛，交通不便，因而演出地域狭小，仅流行于普陀区的六横、桃花、虾峙、蚂蚁等岛屿，以及定海、岱山部分地区。翁洲走书不仅丰富了人们的精神文化生活，更宣传了人们对美好生活的向往，给海岛人传递为数不多的消息。

3. 舟山海洋文化的缩影

翁洲走书最突出的特质正是内容上对舟山区域文明的全方位展现。第一，农耕文化是翁洲走书的重要依托。第二，海洋生态文化是翁洲走书的重要内容。第三，翁洲走书中蕴含舟山本地多种多样的风俗文化。综合而言，翁洲走书中的人物形象、人生哲理、民俗风情等内容堪称白马湖一带乡村生活及地域文化的缩影，而这些正是翁洲走书独特文化价值的重要方面，仅由部分作品所彰显出的文化特质已经足够丰富多彩，遑论还没有论及的抗战文化，新中国成立后之宣传运动，乃至作为表演艺术的视听盛宴。

（三）制度要素

1. 以［慢调］［急赋］［起板］［流水］［乱弹］［四平］为主的唱腔

翁洲走书二人演唱，常用的基本唱腔有［慢调］［急赋］［起板］［流水］［乱弹］［四平］等，可分为主、支两原线脉：主线脉为北滩翁洲走书中的［慢调］［急赋］两个基本板腔；支线脉有［二簧］［高调］［乱弹］［四平］［流水］［秋白］等多种。

其中主线脉中的［慢调］是翁洲走书中最基本的唱腔，常用于开场，多用散板开唱，为五声羽调式。［急赋］是翁洲走书中速度较快的紧板，五声宫调式。

而在支线脉中的［二簧］则是一段五声宫调式的鼓板单曲体，紧打慢唱，节奏平稳，多用于叙事。［秋白］［高调］［乱弹］均是紧打慢唱的数板。

2. 独特的唱法

翁洲走书唱法有两种，多数是主唱一句，帮腔一句，一唱一和，其中帮腔的曲调要比主唱腔长。翁洲走书的主唱腔有时也用羽腔帮唱落调，这与渔工号的领众演唱形式类似。

3. 传统的唱腔音乐

唱腔音乐以舟山地方方言为基础，三种板式节奏，即紧板、一板一眼、散板，在实际使用中多数是由散板开始，接着一种板式到底的传统单一板式，很少有变化，传统程式性很强。

4. 独特的曲体曲调

翁洲走书的曲体属单曲体与联套体的混合体。曲调均为传统的五声音阶，以徵调式、羽调式和商调式为多，少数也用宫调式。

（四）语言与象征符号

翁洲走书是一种叙事性的说唱艺术，演唱艺术与文学艺术相互结合在一起的艺术表演形式，在服从文词内容的前提条件下，唱和说紧密结合，充分发挥着各自的艺术表现力，共同担负描述故事情节的发展、刻画人物形象等功能。

翁洲走书的唱词以七言句为主，曲调多为五声羽调式。在唱腔中，每当唱上几句告一段落或结尾时，必有帮腔者接唱"四工合，和四上工尺，四工合"等，因此有人也称它为"四工合"。后传唱至镇海，为当地艺人吸收、发展，演化为蛟川走书。据我国著名音乐家周大风考证、研究，清代太平天国时期,由于当时浙江沿海地区常遭受帝国主义的侵略,"四工合"艺人便逃到嵊县、新昌一带卖唱为生,并和当地的民间艺人逐步融合发展出"嵊书"。光绪末年,嵊县艺人又吸收唱"令哦帮腔"的"湖州三跳",逐渐发展为"令哦南北调",到1915年演变成正调及后来的四工调,直至1942年出现尺调,成为今日的越剧。因此,翁洲走书还可以说是越剧的先祖。

翁洲走书中的说则有两种表现形式:散白和韵白。散白是舟山地区日常生活语言的散文体的白,常用于三种场合:一是代言式的说白,即艺人以故事中的人物身份出现时用以模拟人物性格、情感、声韵及语态等;二是说表时的表白,即艺人以第三人称的身份表白故事情节和人物性格、思想、感情等;三是旁白,是艺人模仿戏曲中人从旁念白,用以揭示故事人物内心活动。韵白,是一种有韵律的白,常用于诵诗式的韵白(开场时所诵的定场诗)和诵式的韵白。

二、文化元素核心基因提取与评价

翁洲走书是中华民族文学艺术宝库中的珍贵财富，它不仅丰富了地域文化的内涵，而且为现代艺术提供了丰富的艺术传统、艺术经验和艺术形式。翁洲走书是舟山历史的见证和舟山文化的重要载体，蕴含着舟山人民特有的精神价值、思维方式、想象领域和文化意识。

翁洲走书文化基因评价依据

评价项目	评价因子	评价依据（特点）	是否
生命力评价	文化基因存续的时间	自出现起延续至今，未曾明显中断	
		自出现起延续至今，但多次衰微、中断后复兴	√
		曾明显衰败，改革开放后开始复兴或历史溯源关键环节缺失，难以考证	
		文化形态主体已灭失，现存部分痕迹	
	文化基因的稳定性	在发展过程中保持相当稳定的状态	√
		在发展过程中存在明显的精神内涵、表现形式剧变	
凝聚力评价	文化基因的凝聚力及社会动员效果	曾广泛凝聚起区域群体的力量，显著推动过社会经济文化的发展	√
		曾部分凝聚起区域群体力量，对社会经济文化的发展产生过影响	
		凝聚过力量，创造过实际的发展动能，但未见对社会经济文化发展产生显著改变	
		仅在历史文献或口耳相传中存在，未见实际介入社会经济发展	

续表

评价项目	评价因子	评价依据（特点）	是否
影响力评价	辐射的范围	具有全国性、世界性的影响力	√
		具有长三角区域、浙江省影响力	
		具有市县、乡镇影响力	
	提炼的高度	已经被古代文人士大夫和当代学者提炼为精神符号和理念理论	√
		单纯的样式、造型、工艺技术规范	
发展力评价	与当代精神追求和价值观念的契合	传统文化基因得到创造性转化、创新性发展；区域革命文化基因被完整继承、广泛弘扬；区域社会主义先进文化基因成为与浙江"三个地"相适应的文化高地	
		部分转化、部分弘扬、部分发展	√
		难以转化、难以弘扬、难以发展	

说明：基因特点评价是对解码出来的基因，根据本《导则》表2的要求，围绕"四个力"逐一对表打"√"，进行定性表述

（一）生命力评价

翁洲走书，这一地方曲艺在舟山流传已有400多年的历史。因古时舟山为翁山县，故名翁洲走书。据了解，最早演唱翁洲走书的是清嘉庆年间（1796—1820）马岙乡的安阿小。这一演唱形式传入普陀六横后称为"六横走书"；传入镇海后，经演变成为"蛟川走书"，亦称"翁洲走书"。早先，"翁洲走书"由表演者一人自鼓自唱，后经几代艺人传承改革，改为双档演唱，增设一人丝弦伴奏，并加唱帮腔，曲调更为丰富、动听，曲目也有所增加。民间艺人沃阿来又在移植改编曲艺剧目时，把不易懂的当地方言土话改为书面语言，促进了走书向外流传。他还把坐唱改为走唱，把沿门挨户卖唱改为在晒场或堂屋设场演唱，使翁洲走书由此完善和发展。20世纪70年代，翁洲走书又加入了琵琶、扬琴等，使翁洲走书易唱易懂，旋律板

腔更丰富多样，兼及民间地方小调，演唱内容多为流行于民间的古今史话和传说，改称"舟山走书"。2007年，年逾六旬的王如玉被授予浙江省非物质文化遗产项目代表性传承人。

（二）凝聚力评价

自古至今，舟山由于独特的地理位置和相对的交通便利使得各地联系较少。翁洲走书加速了舟山地方文化的传播和融合，更为渔文化的发展和传播奠定了一定的物质基础，同时翁洲走书中刻画的革命英雄形象，为近年来爱国精神培养提供了多样化的宣传途径，对地方政治、经济、社会、文化等都产生了大的内在精神推动作用。

（三）影响力评价

翁洲走书在丰富的民间活动和民俗活动中，展现了自身不凡的艺术风采和卓越的艺术表现力，同时也在自身的艺术形成和发展进程中，吸收了本地民俗文化的精髓，借助了广阔的民俗活动平台，展现了自身不凡的艺术风采和卓越的艺术表现力，形成了广受大众喜爱的曲艺文化形态。在特定的历史时期，翁洲走书以独特的艺术形式存在，并活跃于民间的民俗活动中，以生动的艺术表现形式，散发出独特的民俗文化魅力。

（四）发展力评价

翁洲走书是一种叙事性的说唱艺术，它把演唱艺术与文学艺术相结合，在服从文词内容的前提下实现唱与说的紧密结合，充分发挥唱与说的艺术表现力，共同担负描述故事情节发展、刻画人物形象等任务。根据老艺人虞定玉的排辈推算，舟山最早演唱翁洲走书的是清嘉庆年间定海马岙乡民间艺人安阿小，家境贫苦沿途卖唱到六横岛，在六横安家落户，并招收弟子，六横岛曾相继产生过六代传人。2015年6月，第五届浙江省曲艺新作会演暨第九届中国曲艺牡丹奖浙江节目选拔赛在杭州举行，定海区选送的走书曲目《两只红膏蟹》获得优秀节目奖。在文化传承上起到了不可替代的作用。

三、核心基因保存

就现存代表性实物而言，定海区昌国街道"侨之声"艺术社。

关于翁洲走书的史料著作：《定海县志》，民国十二年；《中国群众文化辞典》，湖南文艺出版社1992年；2016年黄素芬发表的《〈翁洲走书〉是我生活的重要组成部分》；2016年舟山市档案局陈燕发表的《翁洲走书》；《翁洲走书》，中国文史出版社2017年。

第三代传人沃阿来曾积累传统曲目达100余部，至20世纪50年代经筛选和整理，到第五代传人虞定玉时尚存24部。传统曲目有《黄金印》《金龙鞭》《麒麟豹》《玉蝴蝶》《文武香球》《白鹤图》《六月雪》《双珠球》《六美图》等，六横文化站还曾新编《碧海红心》《女队长》等现代曲目。

舟山螺钿镶嵌制作工艺

海定波平 定海文化基因

舟山螺钿镶嵌制作工艺

舟山群岛，能人辈出，各类民间工艺更是卧虎藏龙。舟山螺钿镶嵌工艺发展于清末，并逐渐普及到民间，在定海城南的东岳宫山下和半路亭一带出现了专业性工场，另有一帮游动性的螺钿镶嵌和雕花艺人服务于民间。

历史上，舟山螺钿镶嵌基本上是为装饰家具和欣赏工艺品、礼品相结合的一种工艺形式，主要利用生长在舟山海岛周围的各种贝类为镶嵌原料，制作成各种图案或纹饰，镶嵌在木制品、玻璃、竹子、漆器等载体上，再经过雕刻、抛光或髹漆等工序而成。明代海禁解除，返回舟山的人们再次白手起家，重创家业，因此，遗留下来的螺钿镶嵌工艺品极少，最早只发现于南宋时期的岱山书院中的2块钿嵌木牌。根据1959年在定海东面陈家岙古墓中发现的一只漆器螺钿妆盒和镶嵌木梳，以及1979年在舟山马岙唐家墩发掘出土的新石器时期3片钻空磨边贝壳残片和8个蛤壳，证明早在五六千年前，舟山先民已经利用身边丰富的贝类资源来装点生活。明代后期，这项传统工艺逐渐普及到民间，更因螺钿具有独特的内发光色彩和纹理，很快替代了易于泛黄的骨嵌工艺。清朝晚期至民国初期，是舟山螺钿镶嵌的发展高峰期，1930年，舟山螺钿纽扣被西湖国际博览会作为赠送的礼物之一，大受欢迎，据当时的《大会纪要》记载："受者莫不喜形于色。"

一、要素分解

（一）物质要素

1. 丰富的原材料

舟山螺钿镶嵌主要是利用生长在舟山海岛周围的各类贝类为镶嵌原料，制作成各种图案或纹饰，镶嵌在木制品、玻璃、竹子、漆器等载体上，再经过雕刻、抛光或髹漆等工序而成。舟山独特的海岛地理位置，为螺钿镶嵌技艺的发展提供坚实的物质基础。

2. 种类丰富的镶嵌制品

螺钿镶嵌制品基本可分三个类型：一是家具类，包括木床、衣柜、橱、箱、桌、椅、圆凳、茶几和屏风等；二是高档生活用品，如首饰盒、化妆箱、笔床、砚盒、饰盘等；三是欣赏类装饰工艺品，如挂屏、摆座、条屏等。在内容题材上，作品既有表现历史故事、神话传说、吉祥图案、时代风俗，也有表现

花鸟、山水等自然风物。它与中华传统文化一脉相承，又兼具自己的海岛风格和特色。舟山螺钿镶嵌工艺作品在不同时期表现出不同的形式和内容，也包含着不同时期的民风民俗和审美意识。

（二）精神要素
1. 海洋文化的重要载体

舟山螺钿镶嵌制作工艺是中华民族传统技艺库中的珍贵财富，它丰富了地域文化的内涵。从历史发展的角度看，螺钿镶嵌的发展可以让我们窥见舟山渔民在各个历史阶段物质生产技能的进步和生产力的发展，能看到舟山人不断进化的生活方式、不断演进的文化观念和审美。从某种意义上说，"螺钿镶嵌"是舟山历史的见证。从文化继承的角度看，舟山"螺钿镶嵌"凝聚着舟山人民生存、生活的理念，是民族文化的载体，传承着深层的文化信息。从非物质文化遗产价值来看，"螺钿镶嵌"作为一项传统民族手工艺，今天的传承、生产、销售、使用所形成的非物质民族文化空间更具价值和意义，是舟山文化的重要载体，蕴含着舟山人民特有的精神价值、思维方式、想象领域和文化意识。

2. 勇于创新的匠心精神

舟山工匠具备扎实的技艺功底，同时又勇于创新。舟山螺钿镶嵌制作工艺项目的区、市、省三级代表性传承人、浙江省工艺美术大师夏雨缀，技艺精湛，集螺钿镶嵌、彩绘、抛光、油漆等众多民间艺术于一身，造型奇特，制作细腻。舟山螺钿镶嵌技法多样，创作者不仅要有绘画、书法等功底，还要练就熟练的刀功，体现了舟山工匠吃苦耐劳、朴实无华的匠心精神。舟山地处海岛，资源有限，工匠们克服重重困难，寻觅新材质，琢磨新技法，技艺不断精进。

（三）制度要素
1. 规范的制作程序

螺钿镶嵌制作包括了分解、取料、

裁切、修边、贴坯、划线、起底、嵌片、嵌色、上漆、磨光等11道工序，环环相扣，最后成形，每个工序都直接影响螺钿镶嵌的最后效果。

2.以高嵌(浮雕)和混嵌(百宝嵌)为主的制作技法

在制作技法上以平嵌为主，还有高嵌(浮雕)和混嵌(百宝嵌)等几种。舟山螺钿镶嵌工艺有较强的实用性，普遍为传统家具和高档生活用品的装饰服务，其中高嵌和混嵌以欣赏性礼品和装饰品为主。

二、文化元素核心基因提取与评价

螺钿镶嵌工艺品体现了舟山人精益求精的工匠精神。螺钿镶嵌工艺是工匠精神的凝练体现。创新、敬业、专注、精益求精是舟山工艺人所共有的精神。契合社会主义核心价值观，在传授手艺的同时，也传递了耐心、专注、坚持的精神，这是一切手工匠人所必须具备的特质。这种特质的培养，只能依赖于人与人的情感交流和行为感染，这是现代大工业的组织制度与操作流程无法承载的。

螺钿镶嵌文化基因评价依据

评价项目	评价因子	评价依据（特点）	是否
生命力评价	文化基因存续的时间	自出现起延续至今，未曾明显中断	
		自出现起延续至今，但多次衰微、中断后复兴	√
		曾明显衰败，改革开放后开始复兴或历史溯源关键环节缺失，难以考证	
		文化形态主体已灭失，现存部分痕迹	
	文化基因的稳定性	在发展过程中保持相当稳定的状态	√
		在发展过程中存在明显的精神内涵、表现形式剧变	

续表

评价项目	评价因子	评价依据（特点）	是否
凝聚力评价	文化基因的凝聚力及社会动员效果	曾广泛凝聚起区域群体的力量，显著推动过社会经济文化的发展	√
		曾部分凝聚起区域群体力量，对社会经济文化的发展产生过影响	
		凝聚过力量，创造过实际的发展动能，但未见对社会经济文化发展产生显著改变	
		仅在历史文献或口耳相传中存在，未见实际介入社会经济发展	
影响力评价	辐射的范围	具有全国性、世界性的影响力	√
		具有长三角区域、浙江省影响力	
		具有市县、乡镇影响力	
	提炼的高度	已经被古代文人士大夫和当代学者提炼为精神符号和理念理论	√
		单纯的样式、造型、工艺技术规范	
发展力评价	与当代精神追求和价值观念的契合	传统文化基因得到创造性转化、创新性发展；区域革命文化基因被完整继承、广泛弘扬；区域社会主义先进文化基因成为与浙江"三个地"相适应的文化高地	
		部分转化、部分弘扬、部分发展	√
		难以转化、难以弘扬、难以发展	
说明：基因特点评价是对解码出来的基因，根据本《导则》表2的要求，围绕"四个力"逐一对表打"√"，进行定性表述			

（一）生命力评价

舟山螺钿镶嵌制作工艺的兴盛发展，据史料记载有两百年左右的历史。作为传统手工艺的舟山螺钿镶嵌与舟山人的生产生活息息相关，就地取材、量物而用是其一大特点。舟山螺钿镶嵌主要是利用生长在舟山海岛的各类贝类为镶嵌原料，制作成各种图案或纹饰，镶嵌在木制品、玻璃、竹子、漆器等载体上，再经过雕刻、抛光或髹漆等工序制作而成，成品色泽绚丽、色彩奇幻。螺钿镶嵌工艺有较强的实用性，普遍为传统家具和高档生活用品的装饰服务。

（二）凝聚力评价

舟山螺钿镶嵌工艺作为舟山非物质文化遗产，是舟山的无形文化遗产，是最古老也是最鲜活的文化历史传统，是国家、民族文化软实力的重要资源，也是民族精神、民族情感、民族历史、民族个性、民族气质、民族凝聚力和向心力的有机组成和重要表征。保护和弘扬舟山螺钿镶嵌工艺的工匠精神，对建设社会主义核心价值体系具有重要的作用。

（三）影响力评价

舟山螺钿镶嵌工艺是浙江省第四批非物质文化遗产项目，工艺美术大师夏雨缀是浙江省非物质文化项目舟山螺钿镶嵌制作工艺和舟山贝雕代表性传承人。以平嵌为主，兼用高嵌（浮雕）和混嵌（百宝嵌）等工艺形式。作品具有收藏价值、研究价值和经济价值。经过螺钿镶嵌制作而成的木质器具，具有五光十色的明快色彩和精美柔和的纹理，深受广大群众的喜爱，产品除在国内销售外，还销往韩国、日本、新加坡等地。

（四）发展力评价

舟山螺钿镶嵌制作工艺濒临失传，只有少数艺人依旧守护着这一"非遗"阵地。夏雨缀便是这项传统工艺的传承人之一，他同时也是浙江省唯一一位拥有贝雕与螺钿镶嵌两项非遗的传承人。舟山市定海区政府落实"名师带徒"计划，由夏雨缀成功培养出一名接班人夏海凌。舟山螺钿镶嵌制作工艺分别被列入省、市非物质文化遗产保护名录。2001年，七彩螺钿立屏《普陀佛光》获浙江省"首届国际民间手工艺品展览会"金奖；2012年，螺钿镶嵌"升迁"获全国工艺美术大师作品展金奖，螺钿镶嵌屏风"瑶池赴会"获全国工艺精品展金奖。同年，中集邮公司为夏雨缀发行邮票卡专辑，列入《中华文化名家艺术成就邮票卡纪念珍藏册》。2013年，《客来渔家喜》和《虢国夫人归宴图》又在第三届中国浙江工艺美术精品博览会上摘金夺银，《曙光》在第五届中国国际旅游商品博览会上获特别荣誉奖。

三、核心基因保存

就现存代表性实物而言：夏雨缀工作室、舟山贝雕展览馆。

螺钿镶嵌作品以相关著作：夏雨缀，七彩螺钿立屏《普陀佛光》，2001年；夏雨缀，螺钿镶嵌《升迁》，2012年；夏雨缀，《客来渔家喜》和《虢国夫人归宴图》，2013年；潘瀚涛《一条贝壳铺就的五彩之路》，2014年；王宇萌《传统艺术类海洋非物质文化遗产的保护与开发评述》，2017年；冯晓《舟山市旅游工艺品产业的发展与对策初探》，2012年。

"浙江文化基因丛书"后记

浙江濒海多山，古为百越之地，地少民贫。先民断发文身，披荆斩棘，筚路蓝缕，艰苦创业，卧薪尝胆，徐图自强，始稍为中原所识。山海情怀，越地长歌，独特的地理人文环境孕育出浙江艰苦奋斗、励精图治、百折不挠、勇攀高峰的地域文化性格和兼容并包、发展创新的人文精神。因以鸟虫篆、《越人歌》为表征的楚越文化交融和徐偃王流亡越地、勾践北上争霸等历史事件的发生，越地逐渐融入中原文明。及至东晋衣冠南渡，中原贤良缙绅避乱会稽，兰亭雅集、永嘉诗会、王谢风流所及，中原文化和越文化相互碰撞融合，这片神奇的土地在吸收大量中原先进文化基础上，生发出更多独具特色、丰富璀璨的文化颗粒，散点分布于浙江的山山水水之间。

隋唐以降，一条大运河通到钱塘，凡所流经之县域，皆成人文渊薮。浙东唐诗之路，如明珠嵌璧；越窑青瓷，千峰翠色风靡长安。浙江依托这条水上"高速公路"迅速崛起，在经济高效快速地融于全国的同时，也向全国展现了别样精彩的浙江文化，对中原产生巨大影响。唐末五代中原战乱之际，吴越国钱王保境安民，举世惶惶而越地独安，浙江又一次成为全国士子避祸传学之地，浙江的原生文化和中原文化水乳交融，极大地提高了浙江的人文学术水平。及至南宋定都临安（今浙江杭州），孔裔迁衢，杭州乃至浙江逐渐成为中华文化传承发展中心、全国的文化学术高地。有元一代，人文日渐凋敝，而浙江独领风骚。湖州赵孟頫成为有元一代赓续中华文脉之砥柱。赫赫有名的"元四家"，黄公望（常熟人，曾隐居富春）、王蒙（湖州人，曾隐居临平）、吴镇（嘉兴人，曾卖卜钱塘）、倪瓒（无锡人，曾浪迹太湖）在学习传承赵孟頫的文化艺术精髓基础上，各显其能，自成面目，为传承发展中华文化艺术作出了卓越贡献。明清以来，浙江士林，更为全国翘楚，文化勃兴，领袖群伦。浙江文脉渊深，有容乃大，继承发展，才俊迭起。事功之学、阳明心学、浙东学派、南戏越剧、《古文观止》、丝瓷茶剑、西泠印社、兰亭雅集等，更是中华文化中耀眼的明珠。浙东音声，渐如潮涌；黄钟大吕，照灼云霞。

晚清时期，中华危亡。辛亥鼎革，浙江文化所孕育的优秀儿女更是为中华千古未有之变局作出了重要贡献，秋瑾、徐锡麟、蔡元培、章太炎、鲁迅等，允文允武，可歌可泣，数不胜数。为全面赶上世界发展，全省各地掀起了重视文教事业、培养人才、发展经济的高潮。各类藏书楼、图书馆、新式院校纷纷创设，浙江人又一次发扬卧薪尝胆、奋力赶超的浙江精神，使浙江成为当时全国省域文化发达、人才众多的省份。

新中国成立后，浙江人励精图治，无论干部还是群众，都本着务实精神，立足现状，踔厉前行。即便在"文革"时期，浙江的经济、文化发展水平都显著好于其他兄弟省市，这和浙江人文内核的务实精神和文化基因的原生动力息息相关。改革开放以来，浙江更是勇做弄潮儿，充分发挥"四千精神"，培养人才，发展经济，以全国陆域较少、自然资源缺乏的省份，一举成为名列前茅的文化大省、经济强省。

历数千年，浙江以落后的山林草野原生文化，不断与吴楚和中原文化交融互鉴，融合创新，发展壮大，绝非历史偶然。浙江以其独特的文化基因和历史面貌正引起国内外专家学者的广泛兴趣，以期通过对浙江文化的研究来更好地理解中华文明，为中华文明的伟大复兴寻径探源，通过解析全省多点、散点分布的各类文化颗粒和文化价值观、文化形态、文化载体，系统研究、条分缕析在地文化基因和独特的文化原动力。构建中国文化基因理念体系，挖掘文化遗产背后蕴含的哲学思想、人文精神、价值观念、道德规范，是一项新课题、新任务。浙江在推动高水平文旅融合、建设共同富裕示范区的进程中，以解码文化基因为切入点，为构建中国文化基因理念体系提供地方经验。

研究浙江文化基因，就是对披着传统文化外衣的各类庸俗低俗的迷信活动加以甄别，科学分析，正本清源。以挖掘、激活浙江的优秀文化基因为抓手，推进文旅深度融合；有机整合乡村文化礼堂、农家书屋、场馆院团、城市书房等城乡文化资源，丰富群众文化活动。拓展新型公共文化空间，持续推动优质文化资源直达基层。为人民群众创造一个良好的文化大环境，强化文化自觉和文化自信；为浙江文化高质量传承发展厘清路径，为新时代浙江发展优秀的社会主义先进文化打好基础。文化兴则国运兴，文化强则民族强。文化基因的研究以及激活应用是浙江建设文化强省的重要切入点，是民智之本、百年大计。

我们要深入学习贯彻党的二十大精神和习近平文化思想，全面挖掘和激活浙江文化基因，推动新时代中国特色社会主义文化建设。以高质量发展为目标、融合发展为重点，紧扣激活优秀文化基因、提供优秀文化产品这个中心，厚植浙江经济社会发展文化软实力。

2024年1月，全省宣传思想文化工作会议提出，要全面贯彻习近平文化思想。浙江作为文化大省，肩负起新时代文化使命，在优秀传统文化的传承发展领域开展了积极的探索。我们要不断学习贯彻习近平总书记关于中华优秀传统文化的重要论述和关于文明交流互鉴的重要论述，让文化基因的研究成果走入校园、走进课堂，成为鲜活的爱国主义教育载体、生动的"课程思政"教育实践、开放的当代青少年国际视野素养培育抓手。将浙江文化基因研究成果制作成微视频"浙江文化基因"课程（双语），通过教育信息技术实现从碎片到整体、从实地到课堂、从单一到系列的 MOOC/SPOC 转换，实现浙江文化基因在青少年群体中的代际传递，助力文化基因融入当代、植根青年，实践出一条富有浙江特色的文化传承发展新路径，为中国"培养社会主义建设者和接班人"这一宏伟目标服务。

若有所成皆非易，凝心聚力要躬行。各地课题组在当地乡土专家和各地高校文史专家的鼎力协助下，进深山到大海，调研足迹遍布海澨山陬。通过田野调查、走访座谈、查阅历史卷宗、参考海量文献，历时五年形成的研究成果，凝聚了全省各地众多专家学者和乡土文化耆老的心血，他们为浙江的文化事业作出了很大贡献。致敬他们文化溯源的热忱，学习他们极深研几的精神，真诚感谢他们无私奉献的情怀。由于篇幅有限，涉及面广，无法一一详列参与者，在此一并致谢！

吴 越

甲辰年秋于杭州